O Comércio Ultramarino Espanhol no Prata

Coleção Khronos

Dirigida por J. Guinsburg

Produção e revisão: Plínio Martins Filho

Emanuel Soares da Veiga Garcia
O Comércio Ultramarino Espanhol no Prata

EDITORA PERSPECTIVA

Copyright by Editora Perspectiva S. A.

EDITORA PERSPECTIVA
Av. Brigadeiro Luís Antonio, 3025
01401 - São Paulo - Brasil
Telefone: 288-8388
1982

SUMÁRIO

CRONOLOGIA 6

INTRODUÇÃO 8

PRIMEIRA PARTE: A Marginalização de Buenos Aires na Contexto Colonial dos Áustrias 13

Capítulo I — Buenos Aires no Século XVI 17

Capítulo II — Buenos Aires no Século XVII 28

SEGUNDA PARTE: Buenos Aires na Conjuntura Borbônica 33

Capítulo I: Buenos Aires e os Primeiros Borbóns .. 39

Capítulo II: Buenos Aires e as Restrições Impostas pelo Domínio Peruano 43

TERCEIRA PARTE: Carlos III e sua Política Reformista no Prata 49

Capítulo I: Aspectos da Conjuntura Política Espanhola 53

QUARTA PARTE: Problemas e Interpretações 65

DOCUMENTO: O Regulamento do "Comércio Livre" 66

O Regulamento de 1778 83

Demonstração Quantitativa do "Comércio Livre" na Área do Prata 93

Movimento e Calendário de Navios 95

Gêneros Coloniais 102

CONCLUSÕES 111

Bibliografia 116

CRONOLOGIA

1503   Criação da Casa de Contratación.
1536   Primeira Fundação de Buenos Aires.
1537   Fundação do Forte Asunción no Paraguai.
1541   Desaparecimento de Buenos Aires.
1580   Segunda fundação de Buenos Aires.
1585   Expedição de Francisco Salcedo ao Rio de Janeiro.
1587   Robert Wilking, pirata inglês, age no Estuário do Rio da Prata.
1594   Real Cédula proibindo importações e exportações via Buenos Aires.
1595   Tentativa de regulamentar o comércio de escravos negros no Prata.
1602   Real Cédula limitando movimento de mercadorias em Buenos Aires.
1622   Real Cédula permitindo entrada de moedas de prata e do ouro em Buenos Aires.
      — Instituição da Aduana Seca de Córdoba.
1624   Memorial de Manuel Frias.
1701   Ascensão dos Borbóns ao trono da Espanha.
1713   Tratado de Utrecht.
1717   Transladação da Casa de Contratación para Cádiz.

1720	Proyeto para Galeones y Flotas del Peru y Nueva España para servir de Registros y Avisos.
1723	Fundação de Montevidéu.
1728	Real Companhia Guipuzcoana de Caracas.
1740	Companhia de Havana. Registro de Navios Sueltos.
1750	Tratado de Madri.
1765	Decreto y Real Instrucción.
1775	José Galvez assume a Secretaria das Índias.
1776	Criação do Vice-Reino de Buenos Aires.
1777	Auto de Livre Intervenção.
1777	Florida Blanca assume a Secretaria de Estado.
1778	Regulamento do Comércio Livre.
1785	Proyeto Económico.

INTRODUÇÃO

A abordagem histórica sobre a repercussão do "comércio livre" entre Buenos Aires e os portos espanhóis, por ocasião dos últimos momentos do século XVIII, se nos afigura de grande importância para a compreensão da história contemporânea da região do Prata.

O historiador patrício Manuel Nunes Dias, com grande êxito, estudou igual assunto, no mesmo período, preocupando-se entretanto com a região do Caribe espanhol. Referimo-nos à sua tese de concurso para docência livre, apresentada à antiga Cadeira de História da Civilização Americana da então Faculdade de Filosofia, Ciências e Letras da Universidade de São Paulo, em 1965.

Procurando seguir as pegadas do mencionado autor, enveredamos pelos difíceis e tortuosos caminhos da história rio-platense. Para tanto, valemo-nos da exuberante documentação do acervo do Archivo General de Indias de Sevilla, bem como do precioso repositório documental que é o Archivo General de la Nación, de Buenos Aires.

Efetivamente, à medida que dávamos larga à nossa investigação científica, podíamos visualizar a importância do tema eleito. Sentíamos que se tratava de assunto imprescindível para a compreensão da problemática da economia atlântica nos estertores do século XVIII. Com efeito, o terceiro soberano Borbón, logrando enxergar o processo histórico de sua época, sentindo de perto a necessidade de romper com as mais arraigadas tradições monopolistas de seu País, partia para uma posição francamente reformista. Afinal a experiência espanhola, em termos de relacionamento comercial com as suas colônias americanas, se traduzia numa terrível frustração. Os insucessos do "monopólio régio", primeira etapa das relações mercantis entre a Metrópole e suas Índias Ocidentais, haviam redundado em grande fracasso. Não obstante ter conseguido a Espanha, através do tráfico baseado no sistema de *flotas y galeones*, canalizar para seus cofres imenso caudal do metal nobre, sua conjuntura econômica no último quartel do século XVII se mostrava débil e desastrosa. A coincidência da abertura do século XVIII com a mudança dinástica havia assinalado uma nova tentativa de liames de comércio com suas colônias americanas. Em que pese a nova filosofia administrativa implantada pelos Borbóns, a tônica monopolista foi preservada, atendendo ainda ao contexto mercantilista. A instituição das Companhias Privilegiadas de Comércio e Navegação, a despeito das preocupações reais quanto ao seu êxito, não atingiu o resultado ansiosamente esperado. Caberia, então, a Carlos III a missão de renovar a política colonial através de interessantes aberturas, desde que se mantivessem intactos o prestígio, a liderança, enfim, a excelência do poder real.

Oferecer oportunidades a todos os espanhóis, independentemente de suas filiações, quer aos Consulados de Sevilha e Cádiz, quer aos grupos econômicos sediados na região de Guipúzcoa ou áreas da Catalunha.

Importava, sobretudo, fomentar as lides comerciais com as regiões coloniais, não só para salvaguardar esse rico patrimônio, que continuava sendo da coroa, como também para atender à premência de povoar e conseqüentemente aumentar a rentabilidade dos imensos territórios americanos.

Por outro lado, não ignorava Carlos III a carência de capitais suficientes para o financiamento da onerosa empresa colonial. Jamais poderia passar pela mente do grande monarca a viabilidade de repetir o papel dos teimosos soberanos da dinastia dos Áustrias, insistindo em desempenhar o difícil papel de grande e único empresário colonial. Enfim, além da insuficiência de meios financeiros, o rei tinha diante de si os maus resultados dos primeiros ensaios de relações comerciais com suas colônias. A solução encontrada para o problema de vital importância foi a instituição do "comércio livre". Para tanto, por uma questão de prudência e bom senso, seria necessário uma preparação adequada, não só para se evitar uma reação violenta dos que até então gozavam de exclusividade do comércio ultramarino, como também para se evitar a perda do controle efetivo das operações mercantis com o além-mar. O importante era o fomento comercial através da participação dos capitais privados espanhóis, sem contudo debilitar o princípio da autoridade real e muito menos permitir a falência do intervencionismo estatal nos negócios ligados ao ultramar.

Nossa preocupação neste trabalho prendeu-se exclusivamente ao estudo do "comércio livre" entre Buenos Aires e os portos da Espanha. Tivemos a pretensão de aceitar, ainda que nos faltassem forças para tanto, o desafio de Manuel Nunes Dias apresentado em sua tese anteriormente citada.

O citado historiador, na Introdução de sua tese *O Comércio Livre entre Havana e os Portos de Espanha*, assim se expressou:

Trata-se, afinal, de um ensaio de exemplificação concreta: contribuição para o estudo do fomento da agricultura comercial hispano-americana no ocaso do século XVIII. Acoroçoamento e incentivo a futuras investigações de historiadores sedentos de teses elucidativas.

Realmente aceitamos o desafio e nos colocamos a campo. Fomos a Sevilha e, durante sessenta dias, freqüentamos assiduamente a sala de leituras do Archivo General de Indias. Foi lá, através de insistentes contatos com os *legajos* da monumental seção "Indiferente General", que conseguimos colher boa parte da documentação manuscrita.

Com o propósito de enriquecer nosso trabalho

com novas fontes, dirigimo-nos a Buenos Aires. Na capital portenha, tivemos o ensejo de consultar o precioso acervo do Archivo General de la Nación. Dessa forma, logramos completar o rol das fontes necessário para o embasamento de nossa pesquisa.

Ao nos preocuparmos com a problemática da aplicação do "comércio livre" na região do Prata, afigurou-se-nos necessário pesquisar duas circunstâncias ligadas ao principal fulcro da referida região, a saber Buenos Aires, quais sejam: o *foreland* e o *hinterland*. Nesse sentido cuidamos da necessária representação gráfica, bem como da conveniente mapeação das áreas. Apuramos e quantificamos as carregações dos gêneros coloniais do *hinterland* platino. Preocupamo-nos também com a apuração dos tipos de navios no tráfico, suas rotas e calendários. Afinal, em que pese a ausência de instalações portuárias, problema somente resolvido nos últimos anos do século XIX, Buenos Aires, na época do "comércio livre", atuou como ponto de contato entre o mundo exterior atlântico e a vasta hinterlândia meridional sul-americana. Desde o momento em que logrou sobrepujar a sua terrível rival, a capital peruana, diga-se de passagem através de uma luta bissecular, a capital portenha passou a drenar para o seu sítio urbano grande parte dos gêneros coloniais destinados à exportação para a Metrópole. Numa tentativa de amostragem, partimos para a demonstração quantitativa. Para tanto promovemos o cruzamento de variáveis, dentro dos recursos estatísticos fornecidos pela documentação utilizada.

Lamentavelmente, não nos foi possível quantificar as mercadorias do comércio ilícito. Com efeito, a despeito das preocupações de Carlos III, bem como de seu sucessor Carlos IV no sentido de combater o contrabando, este existiu, em que pesem todos os esforços para evitá-lo. Mas, como quantificar o contrabando, uma vez que os seus registros se referem tão-somente às apreensões?

Confessamos que, no decurso de nossa pesquisa, bem como por ocasião da interpretação dos dados demonstrativos, tivemos muitas surpresas. Sem dúvida alguma, eles se apresentaram como verdadeiro oásis no árido terreno por nós percorrido.

É evidente que, nas três primeiras partes de nosso estudo, procuramos analisar o comportamento de Buenos Aires em face das três etapas do relacionamento comercial entre a Espanha e suas colônias americanas. Por outro lado, preocupamo-nos, também, com o estudo objetivo do Regulamento de 1778, responsável pela instituição do "comércio livre das Índias", muito embora existam algumas análises a respeito do referido ordenamento jurídico.

PRIMEIRA PARTE:

**A MARGINALIZAÇÃO DE BUENOS AIRES
NO CONTEXTO COLONIAL DOS ÁUSTRIAS**

Buenos Aires, ao ser fundada em 1536 por Pedro de Mendoza, via-se impossibilitada de manter relações comerciais com a Metrópole, uma vez que nesta altura já haviam sido estruturadas as rotas ultramarinas espanholas. Com efeito, em 1503, ao ser criada a Casa de Contratación, instituía-se o monopólio régio espanhol, através do qual os Reis Católicos centralizavam em Sevilha todas as operações do comércio ultramarino.

O porto único sevilhano deveria desenvolver o tráfico das Índias através de rotas rígidas, cujos terminais se resumiam em apenas três: Vera Cruz em Novo México, Portobelo no Panamá e Cartagena em Tierra Firme.

Atendendo ao espírito do mercantilismo tradicional, não estava a cúpula espanhola disposta a modificar o esquema estabelecido, logo não havia qualquer oportunidade para Buenos Aires, em que pese as suas magníficas condições geográficas.

Realmente, pouco tempo após a primeira fundação de Buenos Aires, sua pequena população sentia os efeitos da Real Cédula de Ampudia. Esta, nada mais nada menos, estabelecia a proibição tácita das atividades portuárias naquela região do Prata.

Não resta a menor dúvida de que os altos dirigentes metropolitanos temiam que o Prata se tornasse o escoadouro dos recursos metálicos oriundos do Alto Peru, além de se transformar em acesso propício à internação de artigos estrangeiros. É inegável que o mercantilismo espanhol se preocupou sobremaneira com a canalização de todas as riquezas metálicas para os cofres metropolitanos, daí as restrições comerciais impostas a determinadas áreas coloniais.

Essa política iniciada pelos reis católicos e preservada pelos Áustrias atendia sobretudo ao estabelecimento de uma só via de comunicação para o tráfico ultramarino. Tal objetivo facultava, segundo a opinião da coroa, um controle mais rígido de todas as operações mercantis coloniais, além de atender ao sentido eminentemente patrimonial emprestado ao seu império colonial.

Não dispondo da faculdade de atuar como meio de ligação entre o *foreland* e o *hinterland*, papel que compete aos portos, o núcleo populacional estabelecido na margem direita do estuário do Rio da Prata via-se frustrado em suas intenções desenvolvimentistas. Não obstante, havia um outro recurso que se colocava à disposição da população portenha. Tratava-se da penetração para o interior rio-platense à procura de riquezas metálicas. Essa atividade era poderosamente incentivada pelo "mito da serra de Prata".

Constata-se, sem a menor sombra de dúvida, que o aparecimento desse mito coincide com os primórdios da conquista européia no Prata. Com efeito, vinculava entre os índios a notícia da existência de uma "serra", de um "Rei branco" cujo domínio, o Reino de Pajotita, se apresentava como o centro produtor de prata. Uacury Ribeiro de Assis Bastos, ao estudar o problema da penetração européia na Bacia do Prata, exalta com muita propriedade a importância do "mito da serra de Prata". Efetivamente, a "serra de Prata" tornou-se a grande meta da conquista.

Em se levando em conta os estudos de Toríbio Medina, bem como os de Eduardo Madero, os sobreviventes da expedição descobridora do Rio da Prata buscaram no litoral atlântico novas oportunidades de vida. Dessa forma, após a morte do famoso explorador Juan

Díaz de Solís, seus antigos companheiros entraram em contato permanente com os indígenas da região, recebendo deles completa e incentivadora comunicação a propósito do "mito da serra de Prata". Levando-se em conta a mentalidade do homem da conquista espanhola na América, chega-se facilmente à compreensão dos efeitos produzidos pelo mito em questão. Ávido por riquezas metálicas, esse "homem da conquista" enfrentaria todos os óbices, todos os percalços, bem como suportaria as mais cruéis vicissitudes à guisa de atingir o seu grande objetivo. Por outro lado, a população de Buenos Aires, não dispondo de condições mínimas de sobrevivência, via-se a braços com problemas criados pela insalubridade da região.

A malária dizimava freqüentemente o núcleo populacional portenho, além dos constantes ataques indígenas. Em 1541, Buenos Aires desaparecia melancolicamente. Os remanescentes de sua população dirigiram-se para Assunção do Paraguai, onde se integraram aos antigos elementos da expedição de Pedro de Mendoza. Junto ao forte fundado em 1537, sob o comando de Martínez de Irala, esses recursos humanos tomaram parte nas várias expedições cujo objetivo não era outro senão atingir a lendária "serra de Prata".

Capítulo I

Buenos Aires no Século XVI

No contexto do mercantilismo proibicionista espanhol coube a Portobelo, no istmo do Panamá, importantíssimo papel: o de único centro distribuidor de artigos de procedência européia destinados aos mercados consumidores da América Meridional Espanhola. Sob a jurisdição do Vice-Reino do Peru, a Bacia do Prata, com seus 4 milhões de km², via-se economicamente dependente dos comerciantes sediados em Lima. Estes, favorecidos pelas implicações do monopólio régio, primeira etapa experimental do mercantilismo espanhol, transformaram o porto de Callao na principal porta de acesso de mercadorias européias da América do Sul. Inseridos no contexto colonialista espanhol, os gananciosos mercadores limenhos valiam-se da magnífica oportunidade de abastecerem a região mineira do Alto Peru, onde as minas de Potosí, Oruro e Huancavélica criavam excelentes condições para o consumo de gêneros europeus.

Por ocasião da chegada das expedições do tráfico ultramarino espanhol a Portobelo, instalavam-se as famosas feiras. Reunindo seus capitais, os comerciantes limenhos dirigiam-se ao Panamá onde trocavam seus recursos metálicos (prata) por mercadorias européias. Retornando a Lima, onde preparavam outras feiras, efetuavam uma operação inversa: transformavam em metais preciosos os artigos recém-importados, com um lucro de 40%.

O tráfico entre Portobelo e Lima obedecia às seguintes etapas:

1. Rio Chagres até Cruces.
2. De Cruces até o porto de Panamá, rota terrestre de apenas 5 léguas aproximadamente.

Havia também um caminho terrestre de 18 léguas, bastante prejudicado pelas más condições do terreno e do clima. Por outro lado, a presença de índios hostis tornava praticamente inacessível essa rota.

Seria interessante lembrar que somente pequenas embarcações tinham possibilidades de navegação no Rio Chagres. Sujeito ao fenômeno de assoreamento, essa corrente fluvial apresentava a modesta profundidade de 12 pés.

Do porto de Panamá zarpavam os navios em demanda à costa peruana. Calcula-se o tempo de viagem em três semanas. A despeito de todos os problemas, o relacionamento comercial entre Lima e Portobelo foi bastante expressivo. Os comerciantes limenhos se transformaram em um grupo poderoso e absorvente que muito cedo viu valorizada a sua situação, através de privilégios obtidos, ao ser criado o Tribunal do Consulado de Lima.

Em contrapartida, a população de Buenos Aires, em que pese os apelos patéticos que partiam do cabildo de Buenos Aires, não obtinha nenhuma oportunidade de relacionamento comercial direto com a Metrópole. Enquanto o desenvolvimento econômico de Lima merecia as melhores atenções da parte do Real Conselho das Índias, a situação de miserabilidade de Buenos Aires não conseguia, sequer, despertar a piedade da cúpula espanhola.

A segunda fundação de Buenos Aires apresentou um processo diametralmente oposto ao da primeira.

Enquanto a iniciativa de Pedro de Mendoza caracterizou-se por ser uma empresa externa, isto é, oriunda do além-mar, o empreendimento de Juan de Garay prendia-se a uma conjuntura interiorana. Coube ao licenciado Juan de Matienzo a reivindicação dos assuncenhos, junto à Audiência de Charcas.

Na qualidade de ouvidor desta Audiência coube-lhe importantíssimo papel na concretização das pretensões dos moradores de Assunção, no que diz respeito à fundação de dois portos. O primeiro deles seria na área do antigo Forte Caboto; o segundo no estuário do Rio da Prata, onde existira de forma efêmera o núcleo populacional fundado por Pedro de Mendoza.

Não resta a menor dúvida de que o desejo de um estabelecimento portuário na foz do Prata encontrou a mais viva oposição da parte dos mercadores de Lima. Aquinhoados pelos privilégios do eixo econômico, Sevilha, Portobelo e Lima, não estavam dispostos a permitir a quebra do monopólio que lhes beneficiava.

Não obstante, em 1580, Juan de Garay estabelecia na margem direita do estuário do Rio da Prata um pequeno núcleo populacional à guisa de abrir os umbrais platinos.

Apesar disso, a situação de porto proibido não fora anulada. De fato a cúpula espanhola, pressionada pelo Consulado de Lima, tudo fez no sentido de fechar o porto de Buenos Aires. Dessa forma, constrangia a população rio-platense a abastecer-se de todas as mercadorias européias que necessitassem, através do Peru. A documentação existente sobre a proibição do comércio através de Buenos Aires no século XVI é muito rica. Poder-se-ia citar, por exemplo, os documentos reunidos por Roberto Levillier[1]. Através destes, nota-se claramente o ponto de vista dos comerciantes de Lima em relação ao bloqueio total do porto de Buenos Aires. É óbvio que a atitude do estamento burguês limenho redundou na intensificação das medidas no sentido de se evitar ao máximo a entrada de mercadorias através de Buenos Aires. De 1580 a 1585 praticamente não

---

1. Cf. *Correspondencia de la Ciudad de Buenos Aires con los Reyes de España* reunida por Roberto Levillier, Buenos Aires, 1945, tomo I, p. 10.

houve tráfico algum no estuário do Rio da Prata. Essa ocorrência foi responsável pelo estado de extrema pobreza em que se viu relegada a população portenha.

Por outro lado, as regiões platinas do oeste, desde Santiago del Estero, mantinham-se economicamente bem, uma vez que puderam participar do abastecimento das áreas mineradoras do Alto Peru. Graças à sua produção de algodão, carne, trigo, arroz, azeites, legumes, frutas, além do gado ovino, caprino e muar, as populações do interior platino conseguiam manter relações comerciais bem estreitas com o Império Peruano. O fornecimento dos gêneros mencionados ao mercado consumidor mais próximo, isto é, Potosí e Oruro, lhes proporcionava os recursos necessários à compra de artigos de procedência européia. Seria interessante lembrar que as regiões mineradoras do Alto Peru não ofereciam condições para o florescimento da agropecuária, levando-se em conta as suas grandes altitudes. Coube, portanto, ao oeste platino o importantíssimo papel no abastecimento daquelas áreas do altiplano andino. Essa participação do interior platense no abastecimento das regiões mineiras tornou-se mais importante na centúria subseqüente. Tendo em vista a irregularidade do tráfico espanhol, sob o regime das *flotas y galeones*, bem como a baixa produção fabril espanhola, na época dos Áustrias, a oportunidade de participação no comércio peruano se oferecia à hinterlândia platina cada vez mais evidente. Dessa forma, as manufaturas de lenços e cobertores de Córdoba, Corrientes, Catamarca, além da produção de vinhos e aguardente de Mendoza e La Rioja, atraíam a prata peruana para essas zonas. Poder-se-ia sentir uma espécie de euforia econômica que se manifestava através dos padrões de vida dessas regiões.

Nos últimos anos do século XVI, quando as terríveis restrições impostas a Buenos Aires reduziam a sua humilde população à míngua, descobria-se um caminho entre Buenos Aires e Córdoba. Vislumbrava-se uma tênue esperança. Seria um bom argumento em favor dos portenhos no sentido de ver atendidas suas pretensões quanto a um possível abrandamento das restrições impostas ao seu porto. Sem dúvida seria a esperada oportunidade de relacionamento comercial entre o litoral e o interior rio-platenses. Nessa oportunidade, o bispo de Tucumán, D. Francisco de Victoria, preocupava-se com a possibilidade do estabelecimento de um intercâmbio comercial entre o Prata e a costa brasileira. Dotado de espírito altamente empreendedor, a principal autoridade eclesiástica de Tucumán entusiasmou-se ante a oportunidade de participação numa empresa comercial que se lhe afigurava bastante lucrativa.

É provável que D. Francisco de Victoria tenha sido um cristão-novo. Consta que teve um irmão apontado pela Inquisição do Peru. Seria interessante lembrar que o clero secular ou regular não se limitava ao exercício da fé católica. O contexto colonial, não raras vezes, sugeria a sua participação nas atividades econômicas, como no caso em tela.

A título de promover relações de comércio entre Tucumán e o Rio de Janeiro, via Buenos Aires, D. Francisco de Victoria houve por bem designar o tesoureiro do bispado, D. Francisco de Salcedo, para a chefia da primeira viagem ao litoral brasileiro. Levando instruções de seu superior, no sentido de comprar, no Rio de Janeiro, escravos negros, ornamentos, artefatos de ferro, casimiras, partiu de Buenos Aires a nau episcopal a 20 de outubro de 1585. O capital reservado para essa empresa era da ordem de 30 000 *pesos plata* [2].

Além da preocupação comercial, o bispo de Tucumán não descuidava dos problemas relativos à obra missionária nos limites de sua Diocese. Tanto é verdade que fez recomendações a D. Francisco de Salcedo no sentido de aliciar sacerdotes a título de ampliar o quadro de eclesiásticos sob sua liderança.

Sem mais problemas a nau episcopal atingiu o Rio de Janeiro, onde enfrentaria a má receptividade das autoridades portuguesas lá sediadas.

2. Emanuel S. V. Garcia, "A Propósito de uma Tentativa de Relações Comerciais entre o Prata e o Brasil por Ocasião do Século XVI". Separata dos *Anais do V Simpósio Nacional dos Professores Universitários de História,* Campinas, 1971, p. 201.

Não obstante, foram levadas a efeito transações comerciais de vulto. Artigos de procedência européia foram adquiridos, justificando perfeitamente os objetivos da expedição. Por outro lado, persuadidos pelos apelos do enviado do bispo de Tucumán, seis jesuítas se prontificaram a viajar para os rincões platinos.

O retorno teria sido coroado de êxito, não fosse o desagradável incidente ocorrido no estuário do Rio da Prata. Nessa ocasião, isto é, janeiro de 1587, três navios sob o comando de Robert Wilking, que praticavam o corso naquela região, facilmente conseguiram apresar a indefesa nau episcopal. Toda a carga foi raptada, restando aos mal-sucedidos sacerdotes tão-somente a oportunidade de escaparem com vida. Sobre o incidente há um documento bastante esclarecedor. Trata-se de carta dirigida ao rei da Espanha, datada de 6 de abril de 1587, assinada por D. Ramirez Velasco.

O documento registra claramente o drama vivido pelos padres da primeira expedição de D. Francisco de Victoria[3].

O desastre da primeira tentativa de relações comerciais entre o Prata e o Brasil não desanimou o voluntarioso bispo de Tucumán. De fato, sua iniciativa seria repetida nos anos seguintes: essa rota comercial, conforme se pode depreender das estatísticas existentes, teve singular importância nos últimos anos do século XVI. Somente no ano de 1587 o valor das exportações de artigos de algodão — lenços e roupas — alcançou a cifra de 9 671 *pesos plata*.

As atividades mercantis sob a direção do bispo de Tucumán assustaram os comerciantes de Lima. Sob pressão daqueles, as autoridades do Vice-Reino do Peru dirigiram-se ao centro de decisões na Espanha, a fim de impedir as atividades portuárias de Buenos Aires.

---

3. *"Y los quitaram hasta las Camisas a todos que en el venian."* Cf. "Carta de Ramirez de Velazco ao Rei, datada de 6 de abril de 1857", in *Colección de Publicaciones Históricas de la Biblioteca del Congreso Argentino, Gobernación de Tucumán, Papeles de Gobernadores en el siglo XVI, 1.ª Parte,* Madri, 1920, p. 195. *Apud* Ricardo Zorraquin Becu, "Orígenes del Comercio Rioplatense", in *Anuario de Historia Argentina,* Buenos Aires, 1947.

Alertavam os potestados limenhos sobre os perigos representados pela rota comercial Buenos Aires-Rio de Janeiro. A repressão não tardou. A Audiência de Charcas tratou de cercear as atividades comerciais que envolviam o porto de Buenos Aires. Através da enérgica ação pessoal de D. Francisco Arevalo Briceño, juiz perseguidor, desenvolveu-se uma política no sentido de bloquear totalmente os trabalhos portuários de Buenos Aires. Não obstante, D. Francisco de Victoria assumia, pessoalmente, toda a responsabilidade do comércio entre as regiões sob sua tutela espiritual e o Rio de Janeiro, via Buenos Aires. As estatísticas que seguem demonstram claramente o desenvolvimento comercial entre o Prata e o Brasil.

Anos	Importação	Exportação
1586	6 833	—
1587	—	77 328
1588	70 673	800
1589	69 868	—
1590	73 917	6 440
1591	429 589	150
1592	73 094	—
1593	259 073	—
1594	627 271	—
1595	154 660	—
Total	. 1 764 984	84 758 *reales plata* [4]

Nota-se, claramente, um flagrante desequilíbrio entre a importação e a exportação. Com efeito, na década de 1586 a 1595, a apuração estatística nos revela um total de 1 764 984 *reales plata* como valor das im-

4. Manuel Ricardo Trelles, *Registro Estadistico del Estado de Buenos Aires*, Buenos Aires, año de 1859, II.6.2.7.

portações através do Rio de Janeiro. Tratava-se evidentemente de artigos de procedência européia destinados ao mercado consumidor do Alto Peru. O papel de Buenos Aires era o de simples porto de trânsito e, dessa forma, pouco se beneficiava desse comércio. Na realidade, a população portenha não dispunha de recursos metálicos para abonar as mercadorias introduzidas no seu porto. Muito ao contrário, a população da hinterlândia platina, mui especialmente na zona de Tucumán e adjacências, graças ao abastecimento das áreas mineradoras andinas, podia contar com excelentes meios de pagamento como, por exemplo, a prata de Potosí. Poder-se-ia esquematizar o relacionamento comercial entre o Prata e o Brasil da seguinte forma:

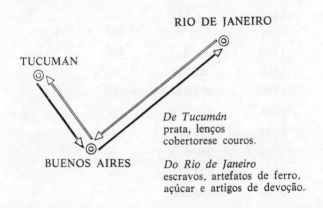

Realmente Tucumán atuava como centro nevrálgico desse comércio. A prata que lograra obter através das vendas de manufaturas de algodão e aguardente foi utilizada para abonar suas importações de artigos europeus e escravos no Rio de Janeiro. Estas, introduzidas através de Buenos Aires, eram destinadas ao consumo do Alto Peru, onde eram trocadas pela prata.

Essa triangulação comercial processava-se na medida em que se evidenciavam as irregularidades da rota oficial Sevilha, Portobelo e Lima.

É evidente que tal relacionamento comercial se mostrava bastante prejudicial aos interesses monopolistas dos comerciantes de Lima. É certo que o fisco espanhol vinha arrecadando substancial soma de direitos aduaneiros. De acordo com o relatório do tesoureiro Hernando Montalvo arrecadava-se *el almojarifasgo* de conformidade com as taxas estabelecidas: 7% de entrada e 3% de saída. No decurso do decênio 1586-1595 foram pagos cerca de 275 967 *reales plata* para o erário régio [5]. Não obstante, a 28 de janeiro de 1594, a cúpula governamental espanhola fazia baixar a Real Cédula cujo teor proibia terminantemente as importações e exportações rio-platenses através de Buenos Aires [6].

Pressionado pelos mercadores limenhos o Vice-Rei do Peru, Marquês de Cañeste, designou D. Antonio Gutierrez Ulhoa inquisidor com plenos poderes para o fiel cumprimento da Real Cédula em questão. Subestabelecendo poderes a D. Sánchez de Figueroa, facultou-lhe a oportunidade de dirigir-se a Buenos Aires a fim de estudar *in loco* o problema da aplicação daquela medida governamental. Tão desonesto quanto ambicioso, viu diante de si a grande oportunidade para o exercício do peculato. Levando-se em conta as denúncias do tesoureiro Hernando Montalvo percebe-se, claramente, a atuação ilícita de D. Sánchez Figueroa. Este, ao reprimir a atividade comercial do bispo de Tucumán, visava sobretudo criar condições excelentes para o desenvolvimento do contrabando. Segundo tais denúncias, grande quantidade de escravos negros, importados da costa brasileira, foi introduzida no Prata através do porto de Buenos Aires. As estatísticas que seguem nos oferecem um quadro objetivo do volume do contrabando na década de 1596 a 1605.

5. O *real plata* valia 0,41 *pesos* atuais, segundo os cálculos de Juan Álvarez, *Historia de la Nación Argentina*, Buenos Aires, Academia Nacional de Historia, IV, 1.ª sección, 340. Cf. Becu, *op. cit.*, p. 9.

6. A Real Cédula de 1594 (8-1) foi incorporada na *Recopilación de Leyes de Indias (1630)*, Libro IV, título XVII, ley 5.º, Archivo General de Indias.

Estatística de 1596-1605

Anos	Importação	Exportação
1596	13 012	—
1597	68 817	39 280
1598	5 652	27 360
1599	107 060	72 000
1600	174 509	107 244
1601	218 041	66 240
1602	75 186	122 112
1603	278 503	136.320
1604	413 560	84 600
1605	57 942	98 280
Total	1 411 282	753 436 *reales plata* [7]

O flagrante desequilíbrio entre as importações e as exportações evidencia o contrabando. Buenos Aires se transforma na grande válvula de escape da prata produzida no Alto Peru. Por outro lado, as exportações registradas no quadro estatístico mencionado acima eram representadas por farinha, sebo, couros e charque. Em se tratando de estatísticas oficiais, bem cedo chegavam ao conhecimento do Rei.

Este preocupou-se principalmente com o problema da importação de escravos negros. A região mineradora do Alto Peru reclamava a mão-de-obra escrava. A introdução clandestina de escravos em Potosí não era ignorada pelas autoridades metropolitanas.

Em 1595, tentou-se regularizar a importação de negros através de uma concessão especial a D. Pedro Gómez Reynel. Este via-se, dessa forma, contemplado com o privilégio exclusivo do *asiento*. Através deste, foi concedida a introdução de 600 peças anuais. A repercussão dessa medida entre as autoridades espanholas sediadas no Vice-Reino do Peru foi a pior possível.

7. Ricardo Trelles, *op. cit.*

Tão logo dela tomou ciência, o Vice-Rei informava ao Rei da inoportunidade e perigo representados pela instituição do *asiento*. Não há a menor dúvida quanto ao desapontamento da burguesia limenha, desejosa acima de tudo da preservação do seu monopólio comercial na América Meridional Espanhola.

A administração peruana, devidamente pressionada, defendia os interesses dos mercadores limenhos. Por outro lado, a população portenha, tendo em vista as restrições impostas ao seu porto, tinha no·contrabando a sua grande e única oportunidade de vida.

O cabildo de Buenos Aires por seu turno, desde 1590, vinha insistindo junto à cúpula espanhola, no tocante à preservação do comércio com a costa brasileira, especialmente o Rio de Janeiro. Através de patéticas petições deixava bem claro o estado de miséria em que se encontravam os moradores daquelas paragens. Chegava mesmo a afirmar que, diante da ação desumana dos juízes da Audiência de Charcas, a maior parte do povo portenho não dispunha de roupas suficientes para vestir suas mulheres e crianças. Reclamavam energicamente contra a apreensão de mercadorias importadas da costa brasileira.

Por outro lado, solicitava permissão para exportar para o Brasil os frutos de sua modesta colheita. Em que pese as insistentes reclamações do cabildo de Buenos Aires, nenhuma solução favorável lhes foi oferecida. Os últimos anos do século XVI foram marcados por terríveis problemas econômicos. Nessa época a população portenha somava tão-somente 500 pessoas, vivendo em condições sub-humanas, sorvendo o amargo cálice das mais cruéis vicissitudes. Realmente, a situação de porto-trânsito não lhe assegurava melhores condições de vida. O comércio ilícito, quando era favorecido pela participação das autoridades que deveriam combatê-lo, mostrava-se como único recurso para a sua sobrevivência.

Repetia-se o drama vivido pelos primeiros habitantes de Buenos Aires, logo após a sua fundação por Pedro de Mendoza.

O século XVII surgia como a grande esperança de uma mudança de atitude por parte da direção metropolitana.

Capítulo II
Buenos Aires no Século XVII

Em meio a grandes dificuldades, o cabildo de Buenos Aires enviava à Espanha o Frei Martín Ignacio de Loyola. O delegado portenho levava uma petição à Coroa cujo teor nada mais era que uma súplica no sentido de serem relaxadas as medidas proibitivas que envolviam o porto. Desta feita, a cúpula espanhola houve por bem atender uma das reivindicações portenhas: permissão do comércio entre Buenos Aires e a costa brasileira, pelo prazo de seis anos.

Graças a gestões portenhas, essa faculdade mercantil foi prorrogada algumas vezes. As estatísticas que seguem demonstram claramente o desenvolvimento do tráfico comercial de forma apreciável, nos anos de 1605 a 1615. Senão vejamos:

Anos	Importação	Exportação
1606	556 835	153 050
1607	465 821	99 920
1608	395 036	208 000
1609	871 107	138 080
1610	164 331	117 600
1611	1 293 694	72 870
1612	946 262	73 008
1613	936 489	64 520
1614	828 405	117 800
1615	1 075 143	106 760
Total	7 533 123	1 151 608 *reales plata*[1]

1. Manuel Ricardo Trelles, *Registro Estadistico de Buenos Aires*, Buenos Aires, 1865.

A análise dos números revela de imediato a grande desproporção entre as cifras de importação e exportação. Trata-se de uma constante nas relações comerciais entre o Prata e o Brasil. Poder-se-ia dizer que o saldo da balança comercial era desfavorável aos platenses, levando-se em conta a baixa produtividade da região. Afinal, o estuário rio-platense dispunha tão-somente de uma exígua produção de gêneros de origem animal — couros, sebo e charque.

Dessa forma, os portenhos tinham que se contentar com o papel de simples intermediários.

Realmente as cifras são expressivas. A diferença entre as importações e exportações alcançou, segundo as estatísticas apresentadas, a ordem de 6 381 515 *reales plata*. Essa discrepância, sem dúvida alguma, revela o volume da prática contrabandista. Por outro lado, tais dados estatísticos indicam que o montante do comércio ultrapassava, em algumas oportunidades, as quotas estabelecidas pela Real Cédula de 1602. Esta limitava as transações a 2 000 fânegas de farinha; 500 quintais de charque e 500 arrobas de sebo.

Os preços desses produtos eram cotados em Buenos Aires à razão de 10 000, 1 000 e 1 500 *pesos* respectivamente, num total de 12 500 *pesos* ou 100 000 *reales plata* para o total de exportação de um ano. Poder-se-ia ainda depreender dessas estatísticas a prorrogação da Real Cédula de 1602 até o ano de 1615.

Mesmo assim o quadro econômico de Buenos Aires continuava padecendo dos males que comprometiam o desenvolvimento de sua vida urbana. Os portenhos não conseguiam tirar mais proveito desse intercâmbio comercial, a não ser os minguados recursos proporcionados pela situação de simples intermediários. Os maiores benefícios iam parar nas mãos dos comerciantes do Alto Peru e Tucumán, uma vez que dispunham de recursos metálicos para abonar as importações do Rio de Janeiro. A insatisfação dos mercadores portenhos pode ser decantada através das constantes petições dirigidas à Coroa da Espanha. Em todas elas a tônica era a súplica de concessões especiais que lhes proporcionassem oportunidades mercantis.

Dentre os memoriais enviados à Metrópole destacaram-se os de 1624, assinado por Manuel Frias, solicitando licença para a introdução de escravos negros de Angola, através de Buenos Aires; o de 1618, assinado por Juan Salazar, solicitando a permissão para o tráfico de três navios anuais entre a Espanha e Buenos Aires.

O comportamento da cúpula espanhola em relação a tais pretensões era irregular.

Entretanto, suas anuências eram sempre oferecidas a título precário. A irregularidade das relações comerciais de Buenos Aires tolhia completamente o desenvolvimento da região. É verdade que o pedido de Juan Salazar foi atendido, abrindo até certo ponto um precedente que estimulou novas solicitações.

Não obstante, o agravamento da economia portenha dar-se-ia com a execução da Real Cédula de 7 de fevereiro de 1622. Essa medida oficial estabelecia a proibição da entrada em Buenos Aires de moedas de prata e de ouro lavradas e instituía uma aduana seca em Córdoba.

Com efeito, as mercadorias introduzidas no porto de Buenos Aires, através dos *navios de permiso* encontravam terrível barreira aduaneira em Córdoba, rota única existente para Tucumán e Alto Peru. O implacável fisco taxava em 50% de seu valor em Potosí, tornando seus preços proibitivos no seu único mercado consumidor.

A medida oficial em questão praticamente estabelecia o trancamento do tráfico entre o litoral e o interior rio-platense. Protestos dos mais veementes partiram do cabildo de Buenos Aires. Este, desesperadamente, tenta a anulação de tão nefasta determinação governamental, enviando Juan de Amunarris à Espanha, numa tentativa de anulação da Real Cédula de 1622. Todos os esforços dos portenhos foram em vão. A Metrópole manteve-se inflexível nos seus propósitos de fortalecer suas manobras protecionistas, revigorando para tanto a antiga estrutura do tráfico colonial.

Esta não oferecia qualquer oportunidade a Buenos Aires. O eixo comercial Sevilha-Portobelo-Lima atendia perfeitamente aos reclamos do "mercantilismo tradicional espanhol"[2]. A inflexível barreira entre Buenos Aires e a zona interiorana platina determinava o divórcio entre ambas. Os resultados dessa determinação governamental espanhola não tardaram a se manifestar. O dualismo platino que se apresentara desde os primórdios da ocupação espanhola na região do Prata tornou-se ainda mais evidente. A região do estuário, principalmente Buenos Aires, cuja economia estava na dependência do relacionamento comercial com a hinterlândia platina, via frustradas todas as suas intenções fomentistas. A única saída que se oferecia à pequena e pobre população portenha, a título de sobrevivência, era o contrabando. Este passou a ser o "termômetro" de vida econômica de Buenos Aires. A conivência das autoridades encarregadas de reprimi-lo fazia do comércio ilícito a tônica da economia portenha. Dentre os governadores que mais se destacaram por sua participação na trama contrabandista, o nome de Diego María Negrón surge como o mais famoso. Usando de seu prestígio pessoal, conseguira o ímprobo governador a prorrogação, por duas vezes, da Real Cédula de 1602. Com efeito, a vigência dessa permissão comercial atendia a seus interesses excusos, uma vez que camuflava as atividades contrabandistas, das quais tirava partido. Nessa oportunidade, clandestinamente, trocavam-se escravos por couros, sebo e charque. Por outro lado, os lotes de escravos eram vendidos por preços convenientes no Alto Peru, principalmente em Potosí.

A situação econômica de Buenos Aires voltava a sofrer terríveis "panes", tão logo assumia o governo local autoridade disposta a cumprir rigorosamente a legislação vigente, bem como reprimir o contrabando.

O exemplo mais relevante foi a administração de Hernandárias. Fiel cumpridor das Reais Cédulas, bem como enérgico perseguidor do contrabando, foi responsável por um período de agonia, tanto para Buenos Aires como para Córdoba. Nessas ocasiões, a população portenha clamava aos céus pela substituição do honesto governador por uma outra autoridade que lhes facultasse o comércio com o Brasil.

2. A expressão "mercantilismo tradicional espanhol" é de Manuel Nunes Dias, *O Comércio Livre entre Havana e os Portos de Espanha (1778-1789)*, USP, 1965.

Por ocasião da segunda metade do século XVII, agravou-se ainda mais a situação econômico-financeira de Buenos Aires e de suas adjacências. A repercussão desse precário quadro econômico manifestou-se de forma muito sensível nos principais setores da vida social da região. O estado de extrema pobreza explica o surto epidêmico da varíola e da febre tifóide. Pesquisas sobre a demografia portenha revelaram índices letais assustadores.

Em 1652, por exemplo, quando a população de Buenos Aires era de 3 100 habitantes, houve a ocorrência de 446 óbitos. O índice foi realmente brutal, levando-se em conta que, em cada sete habitantes, uma pessoa morreu [3].

Por outro lado, a estatística referente à vida social portenha dessa época nos ofereceu um quadro bastante sombrio: de 1651 a 1652 foram registrados apenas oito matrimônios; de 1675 a 1700 registrou-se uma média de quarenta enlaces matrimoniais por ano [4].

Na realidade, Buenos Aires ressentia-se profundamente das restrições impostas ao seu porto. Alijado das rotas ultramarinas espanholas, somente encontrava oportunidades comerciais nas ocasiões propícias ao contrabando.

Em que pese os apelos patéticos do cabildo de Buenos Aires, a Espanha não se mostrava disposta a promover uma alteração profunda no relacionamento comercial com suas colônias da América.

Na realidade, a Espanha não cuidou de povoar o litoral atlântico sul-americano sob seu domínio e tampouco ofereceu a Buenos Aires a oportunidade de desenvolver-se. Muito ao contrário, cerceando a expansão portenha, provocou uma situação estática que contrastava bastante com a dinâmica das regiões peruanas[5].

---

3. Cf. Nicola Besio Moreno, *Buenos Aires Puerto del Río de la Plata — Estudio Crítico de su Población, 1536-1936,* Buenos Aires, 1939, p. 49.
4. *Ibidem*
5. Existe farta documentação a propósito da participação dos bandeirantes no abastecimento da zona mineradora do Alto Peru no Archivo General de la Nación de Buenos Aires — División colonia, sección gobierno.

SEGUNDA PARTE:

BUENOS AIRES NA CONJUNTURA BORBÔNICA

A Espanha, melhor que qualquer outro país europeu, sentiu o advento do século XVIII. Com efeito, a mudança dinástica, estabelecida com a ascensão dos Borbóns, coincidindo com a passagem do século, veio oferecer à comunidade espanhola novas perspectivas. Sentia-se realmente uma sensação de vida nova. Esperava-se, sem dúvida, uma tendência revisionista da novel administração, levando-se em conta os desastrosos resultados da política colonial dos Áustrias. Seria conveniente lembrar que na centúria anterior já se esboçara algumas tentativas de caráter eminentemente revisionista. Dentre estas poder-se-ia citar as posições assumidas por Stuzzi, Lyra e Castro, que se caracterizavam pelo revisionismo crítico.

Entretanto, a melhor posição crítica do sistema político adotado pelos Habsburgos foi assumida por Sancho de Moncada através do seu magnífico trabalho: *Restauración Política de España* (1619).

Não obstante, somente a partir da administração de Filipe V é que se procurou, através de reformulações na política administrativa e econômica, salvaguardar o patrimônio da Coroa, bem como o processo de desenvolvimento econômico nacional.

Muito bem assessorado, o primeiro soberano Borbón teve à sua disposição o magnífico programa fomentista preparado por Geronimo de Uztariz. Posteriormente, em 1740, retomava-se de forma mais viva a tendência fomentista através da obra de Bernardo Ulhoa [1]. A cúpula administrativa espanhola sentia de perto a necessidade de reformulações no seu relacionamento comercial com as Índias Ocidentais, bem como a premência de fomentar sua produção interna. A título de resolver o primeiro problema, os primeiros Borbóns decidiram experimentar uma outra forma de exploração do tráfico ultramarino. Foram estabelecidas as primeiras Companhias Privilegiadas de Comércio Espanholas. A solução adotada, a despeito de evidenciar a grande frustração do monopólio régio, bem como os erros do regime de porto único, mantinha-se na tradicional linha do mercantilismo proibicionista. É verdade que a medida em questão não se tratava de uma solução nova. Pelo contrário, já fora fartamente utilizada pelas potências mercantilistas no decurso do século anterior. Poder-se-ia mesmo afirmar que o sucesso das Companhias Privilegiadas de Comércio e Navegação alcançado pela Inglaterra e Holanda no século XVII poderia não se repetir na Espanha do século XVIII. Afinal, tratava-se de uma solução ultrapassada, levando-se em conta as novas tendências econômicas do século, francamente voltadas para o liberalismo econômico.

Por outro lado, seria interessante lembrar que os dois últimos soberanos Habsburgos, Filipe IV e Carlos II, tendo em vista o êxito das companhias estrangeiras, haviam tentado estabelecer instituições semelhantes em seu País. Faltaram-lhes, entretanto, recursos suficientes para levar a bom termo suas pretensões, levando-se principalmente em conta a ausência de capitais suficientes. Com efeito, a burguesia comercial espanhola fora colocada na situação de simples "testa de ferro" dos poderosos grupos financeiros alienígenas.

A propósito deste problema não podemos deixar de lado as informações de Henry Sée. De acordo com

---

1. Bernardo Ulhoa, *Restabelecimento de las Fábricas y Comercio Español,* Madri, 1740. *Apud* Nunes Dias, *op. cit.,* p. 69.

os cálculos daquele brilhante historiador francês, mais de 90% do capital do comércio entre as Índias Ocidentais e Sevilha pertenciam a instituições comerciais estrangeiras. E como se não bastasse esse quadro econômico tenebroso, a Coroa espanhola continuava enfrentando o grande problema do "déficit orçamentário".

Tratava-se de um mal muito velho. Desde os tempos de Carlos I, a Coroa espanhola vinha enfrentando, sem muito sucesso, a terrível doença do desequilíbrio orçamentário. Não raras vezes, o governo via-se na contingência de sacar contra o futuro, comprometendo seriamente a receita pública. A propósito do assunto não devemos nos esquecer do magnífico trabalho de Ramón Carande. Somente no século XVIII é que a Espanha conseguiu efetivamente tornar realidade o sistema de Companhias Privilegiadas de Comércio e Navegação.

Manuel Nunes Dias ao abordar o problema em foco afirma: "O século XVIII é a época das Companhias espanholas"[2]. De fato, Filipe V não tinha muitas opções. O fracasso do monopólio régio, bem como todas as suas implicações negativas, forçosamente levaria o Rei a tentar uma outra experiência monopolista. Foi o que fez, mesmo porque estivera às voltas com graves problemas de sucessão do trono espanhol. Afinal, para preservar-se no poder, fora constrangido a assumir compromissos que dificilmente lhe facultariam escapar de soluções que não estivessem no quadro dos monopólios e privilégios. Substituir o monopólio sevilhano por outro, isto é, o das Companhias Privilegiadas de Comércio e Navegação, seria o melhor caminho. Nesse sentido, as atenções do Rei deveriam estar voltadas para a região do Caribe. Esta, dentre as várias áreas de interesse econômico da Espanha, era a que se mostrava mais carente de cuidados especiais e de proteção, tendo em vista a perigosa influência exercida pela Inglaterra e pela Holanda.

Surgia assim a primeira companhia de comércio espanhola em 1728, a Real Companhia Guipuzcoana de Caracas, cujo privilégio mercantil foi a província da Venezuela, Cumaná, Trinidad, Guayana e Margarita.

2. Nunes Dias, *op. cit.*, p. 71.

Com efeito, Filipe V, não obstante possuir predicados modestos no que tange à capacidade administrativa, fora educado na corte mais esclarecida da época. Seu avô, Luís XIV, por outro lado, lhe ofereceu, além de sua consagrada experiência de administrador, um grupo de brilhantes assessores. Posteriormente, o primeiro Borbón da Espanha revelou-se plenamente feliz na escolha de excelentes colaboradores, dentre os quais poder-se-ia colocar em destaque as figuras de Jean Orry, Alberoni e Riperda. Não há dúvida nenhuma de que o modelo econômico francês, o "colbertismo", seria o novo figurino da cúpula administrativa espanhola. Foi nesse ambiente que nasceu a Real Companhia Guipuzcoana de Caracas.

A instituição em apreço, cujos privilégios foram publicados a 25 de setembro de 1728, de pronto atendia a dois problemas graves. Em primeiro lugar resolvia, até certo ponto, a séria ameaça representada pelo desenvolvimento do comércio ilícito da parte dos holandeses e hamburgueses na Venezuela. Por outro lado, a Companhia Guipuzcoana de Caracas vinha ao encontro dos interesses dos mercadores da Guipuzcoa. Estes jamais haviam se confrontado com o exclusivismo sevilhano, principalmente os comerciantes sediados em San Sebastián [3].

Uma análise, ainda que perfunctória, dos estatutos da Real Companhia Guipuzcoana de Caracas, nos levaria a sentir a grande influência exercida por Patiño. De fato, o famoso ministro de Filipe V, cuja capacidade administrativa deve ser ressaltada, era muito preso à escola reguladora e monopolista. Preocupava-se principalmente com as questões ligadas ao poderio naval, bem como com os problemas do comércio marítimo.

Essa marca aparece claramente na formação das companhias espanholas.

A região do Caribe continuou merecendo as melhores atenções do governo espanhol.

Em 1740 foi instituída a Companhia de Havana,

---

3. A propósito da Real Companhia Guipuzcoana de Caracas destacou-se os trabalhos de Ronald D. Hussey, *La Compañia de Caracas: 1728-1784*. Trad. de Leopoldo Landaeta, Caracas, Banco Central da Venezuela, Colección Histórico-Económica Venezuelana, 1962.

tendo como objetivo principal o desenvolvimento da agricultura na ilha de Cuba, principalmente a exploração do açúcar e do tabaco. A seguir criou-se a Companhia de Comércio de Barcelona que recebeu como área de privilégio as regiões da Venezuela, justamente aquelas que haviam ficado fora da jurisdição da Companhia Guipuzcoana de Caracas. Posteriormente criava-se a Companhia de Santo Domingo ou de Cataluña, cuja área de ação compreendia as ilhas Hispañola, Puerto Rico e Margarita. Novas empresas desse gênero foram criadas com vistas à recuperação econômica da Espanha. Poder-se-ia citar dentre elas a Companhia de San Fernando de Sevilha que recebeu privilégios para desenvolver o comércio marítimo no Caribe, sem entretanto exercer qualquer atividade nas regiões concedidas às Companhias de Havana e Caracas.

Por outro lado, seria interessante considerar que, com a nova ordem econômica estabelecida pela instituição das Companhias de Comércio Espanholas, a Coroa resolvia o dificílimo problema da defesa de seu enorme império colonial, colocando nos ombros dos particulares, empresários, os grandes riscos do empreendimento. E, se não bastasse essa posição muito cômoda, havia ainda a circunstância deveras favorável para o Estado espanhol, qual seja a oportunidade criada para os capitais nacionais, minguados, é bem verdade, mas ávidos por novos ensejos na conjuntura econômica do País. Tratava-se de uma nova política de ação ultramarina cujos objetivos eram ampliar a atividade privada dos setores vários da economia nacional espanhola. Não obstante, poder-se-ia criticar a política econômica iniciada pela Espanha no século XVIII no que diz respeito à preservação de grandes áreas coloniais sem nenhuma oportunidade de desenvolvimento. A região do Prata foi uma delas. Sua marginalização persiste até o último quartel do século. É o que demonstraremos a seguir.

Capítulo I

Buenos Aires e os Primeiros Borbóns

Tal como ocorria na Espanha, quando da ascensão dos Borbóns ao trono, o ambiente platino revelava grande expectativa revisionista. Preterido que fora pelas administrações espanholas, o Prata impacientemente aguardava melhores oportunidades. Esperava-se por medidas governamentais que facultassem, pelo menos, o relacionamento comercial através do porto de Buenos Aires.

Ansiava-se por soluções oficiais que acabassem com a penúria e a miséria dos arraiais portenhos. Entretanto, as esperanças muito cedo foram anuladas pela nova realidade econômica imposta pelos novos mandatários espanhóis. Estes mantiveram o porto de Buenos Aires sujeito às terríveis restrições anteriores, bem como suas relações com a hinterlândia platina prejudicada pela aduana seca de Córdoba. A propósito do problema em questão, Octavio Gil Munilla afirma:

La salvación de Buenos Aires consistia en mantener un estrecho contacto con el interior, convertiendose en el puerto de salida de sus produtos. Ahora bien, para conseguirlo que debia contar con el apoyo del gobierno peninsular[1].

1. Cf. Octavio Gil Munilla, *El Río de la Plata en la Política Internacional*, Sevilha, 1949, p. 351.

Por outro lado, o Tratado de Utrecht teve grande importância para a região do Prata. De acordo com seu artigo 6, Filipe V cedia para sempre a praça de Colônia do Sacramento à sua Majestade o Rei de Portugal, bem como a seus sucessores.

Sem dúvida alguma, a repercussão dessa medida se fez sentir principalmente na vida econômica platina. É sabido que desde sua fundação em 1680, a Colônia do Sacramento, nos momentos da dominação portuguesa, vinha atuando como ativo foco contrabandista. A cúpula espanhola não ignorava o grave erro político cometido, ao facultar aos portugueses a estratégica praça situada na margem esquerda do Rio da Prata. Tanto é verdade que toda a política diplomática da Espanha em relação ao Prata, logo após a assinatura do Tratado de Utrecht, voltava-se no sentido da recuperação da famosa Colônia do Sacramento. Da fundação de Montevidéu, em 1723, até a criação do Vice-Reino de Buenos Aires, outra não foi a preocupação do governo espanhol senão a de cercear a expansão lusitana no Prata.

Não obstante, Filipe V sentia-se incapaz de tomar medidas que a curto prazo afastassem a incômoda vizinhança no Prata.

Sabia perfeitamente o primeiro Borbón que decisões drásticas para o caso acarretariam certamente uma guerra com a Inglaterra.

Não ignorava o governo espanhol que seu País não estava em condições de enfrentar uma campanha bélica contra os ingleses, principalmente levando-se em conta o poderio naval britânico. Dessa forma, o comportamento do rei em relação ao problema inglês limitava-se tão-somente a exigir o fiel cumprimento das cláusulas estabelecidas pelo Tratado de Utrecht. Por outro lado, Filipe V, a 5 de abril de 1720, assinava o *Projecto para Galeones y Flotas del Peru y Nueva España para Navios de Registro y Avisos, que Navegava a Ambos Reynos* [2]. O documento em questão evidencia claramente os propósitos fomentistas da Coroa espanhola. Em seu preâmbulo, intitulado "El Rey", o so-

---

2. Cf. *Documentos para la Historia Argentina,* Buenos Aires, Facultad de Filosofía y Letras, 1915, tomo V, p. 21 e ss.

berano manifesta sua confiança no restabelecimento do tráfico entre os seus vassalos através do projeto em tela. Mas vejamos o texto:

.He considerado que nada puede conducir tanto como el que los Galeones de tierra firme, y Flotas de la Nueva España, y navios de Registro, y Avisos para ambos Reynos se despachen con frecuencia...[3]

O Capítulo 6.º do famoso *Projecto para Galeones y Flotas*. . . refere-se ao importantíssimo problema dos fretes. O texto revela claramente a preocupação da Coroa no que diz respeito ao tráfico para Buenos Aires[4]. Não obstante, não houve qualquer mudança no panorama econômico portenho, uma vez que a tentativa de restabelecimento do sistema de *galeones y flotas*, além de não atingir os seus reais objetivos, voltava seus maiores interesses para o Caribe. Efetivamente, o Regulamento de 1720 não lograra alcançar os resultados esperados. Os vinte anos de sua vigência foram um terrível fracasso.

Em 1740, o sistema de *galeones y flotas* foi substituído pelo de registros soltos. Nessa ocasião foram suprimidas as feiras de Portobelo, bem como a via do Panamá. O provimento do Peru passou a ser atendido através da rota do Cabo Horn. Posteriormente, isto é, em 1754, foram restabelecidas as frotas tão-somente para atender à Nova Espanha[5].

Seria interessante observar que, a esta altura, a Espanha desenvolvia francamente uma nova política do tráfico ultramarino. Tratava-se da política dos barcos de registro. Anteriormente, por ocasião dos interregnos das *flotas*, a Casa de Contratación, transladada para Cádiz desde 1717, concedia autorizações para esse tipo de tráfico para todas as partes da América Espanhola. Com a abolição do sistema de *galeones y flotas*, a própria Coroa passou a conceder tais permissões, prescin-

3. *Idem*, p. 21.
4. "Lo que se ha de pagar por los fletes de España para Buenos Aires de lo que se cargare en las naos que hicierem viaje a quel puerto". Cf. *Documentos para la Historia Argentina*, V, p. 40.
5. Cf. *Documentos para la Historia Argentina*, V, p. XXX.

dindo completamente a Casa de Contratación dessa responsabilidade [6].

A propósito da importância dos navios de registros em geral e mui particularmente para Buenos Aires, temos o interessante comentário de Campomanes:

Por el año 1740 el buque de Galeones se hallaba reducido a dos mil toneladas, de manera que el commercio ilicito extinguia 13 mil toneladas en el Peru y Tierra firme. Cotejese ahora el incremento que estas dos navegaciones han tomado con los registros sueltos y sera fácil deducir cual de los métodos es preferible. Yo creo que nadie daria su voto en el estado presente por los Galeones... Buenos Aires por este medio se ha hecho una plaza floreciente por su tráfico, la cual en el siglo pasado casi carecia de commercio... [7]

Realmente foram muitas as permissões concedidas pela Coroa espanhola a navios de registros destinados a Buenos Aires. Em 1716, D. Andrés Martínez de Arurbua obtinha licença para navegar com dois navios de registro. Em 1722 e 1725 Reais Cédulas concediam igual privilégio para D. Francisco de Alzaibar e D. Cristóbal de Orquiju.

A freqüência dos navios de registro em Buenos Aires foi de tal ordem, a ponto de criar problemas para os oficiais reais lá sediados. Estes chegaram a reclamar junto à cúpula espanhola da falta de instalações adequadas na Aduana:

No hay capacidad de hazer en ella ningum cotejo de descarga sino es como asta ahora ala Inclemencia[8].

A despeito do movimento de navios de registro, severas restrições pesavam sobre o porto de Buenos Aires. Efetivamente, por ocasião da segunda metade do século XVIII, quando as demais regiões da América Espanhola sentiram a benéfica influência da nova e liberal política dos Borbóns, a dependência econômica do Prata, em relação ao Peru, estabeleceu rigorosas restrições comerciais e, segundo a opinião de Antunes Acevedo, nenhum porto sob o domínio espanhol desfrutou de menos liberdade comercial que o do Rio da Prata[9].

6. *Idem*, p. XXXI.
7. Campomanes, *Educación Popular II*, pp. 436 e 440. Apud *Documentos para la Historia Argentina*, V, p. XXXII.
8. Cf. E. Peña, *Documentos y Planos de Buenos Aires*, Buenos Aires, 1910, III, p. 15.
9. Cf. *Documentos para la Historia Argentina*, V, p. XLI.

Capítulo II

Buenos Aires e as Restrições Impostas pelo Domínio Peruano

A madastra terrível do Prata não foi a Espanha, mas sim o Peru. O comércio de Buenos Aires sempre foi tido como danoso aos interesses dos mercadores limenhos. Essa foi sempre a tônica da política de Lima. Tanto é verdade que praticamente torna-se impossível entender a história econômica do Prata sem ter em mente esse fato. Manter o porto de Buenos Aires fechado sempre foi o desejo da potestade sediada em Lima. Levando-se em conta a impossibilidade de um relacionamento comercial ativo entre o estuário do Prata e o Peru, por falta de caminhos, e sobretudo a grande dificuldade de se colocar em Potosí a produção de couros, sebo e carnes, oriunda da região ribeirinha do Prata, o núcleo urbano portenho via-se privado dos recursos imprescindíveis para viver. Faltava roupas, artefatos de ferro, artigos religiosos, afinal quase tudo de que tanto necessitavam[1].

A dependência econômica de Buenos Aires foi um processo histórico longo cujas balizas foram os séculos XVI e XVIII. As lutas para quebrar essa subordinação

---

1. "Faltava todo lo que es menester para vivir... ropa, fierro y otras cosas de que tienen precisa necesidad". *Colección de Documentos Inéditos relativos al descubrimiento, conquista, etc. de las antiguas posesiones Españolas de América*, Madri, 1864, XI, p. 323. Apud *Documentos para la Historia Argentina*, V, p. XLI.

estão testemunhadas através de farta e preciosa documentação.

Guilhermo Cespedes de Castillo já teve ensejo de oferecer à historiografia sua eloqüente contribuição. A obra do brilhante historiador espanhol parece-nos esgotar o assunto[2].

Não obstante, a *Nueva representación que hace a SM. Don Domingo de Marcoleta, apoderado de la ciudad de Buenos Aires, con motivo de una ordem del Virrey de Lima sobre extracción de generos que hayan arribado á su puerto con facultad de internalos en los reynos del Peru y Chile, de 13 de Abril de 1750* levou-nos a reflexões sobre o problema em foco. Trata-se, certamente, do documento mais expressivo a propósito da rivalidade entre Lima e Buenos Aires. Vasado em termos enérgicos, o texto evidencia claramente a indignação de que estava possuída a população portenha.

A Real Ordem de 28 de outubro de 1749 havia proibido aos comerciantes portenhos o retorno dos resultados produzidos pelos registros concedidos a Buenos Aires. Coube ao Vice-Rei do Peru, Conde de Superunda, participar ao governador de Buenos Aires a decisão da cúpula espanhola. Tão logo tomava ciência, o responsável pelo governo platino notificava os encomendeiros de navios no sentido de abandonarem a cidade juntamente com as mercadoiras e gêneros, deixando tão-somente o bastante para as premências locais. A repercussão da medida foi a pior possível. Os prejudicados pela resolução dirigiram um longo memorial ao Governador, expondo as conseqüências danosas decorrentes daquela providência. Para uma possível avaliação do estado de indignação de que estavam possuídos os signatários do documento em tela, transcrevemos alguns trechos mais significativos:

No es la primera vez que los comerciantes de Lima brotam su veneno y disparan las flechas de su encono contra los de esta carrera, y siempre están pensando prolijos medios de su exterminio, yá con dilatados Papeles llenos de autoridades, y

2. Guilhermo Cespedes Castillo, *Lima y Buenos Aires: Repercusiones políticas de la Creacción del Virreinato de la Plata*, Sevilha, Escuela de Estudios Hispano-Americanos, 1942.

textos, tan inconducentes para la economia del commercio, como libertinos para lastimar la opinion de aquellos à quienes el accidente, el destino, ó las circunstancias les precisaron á venir por esta senda, acumuladoles todo genero de fraudes, sin mas méritos ni prueba, que el propio antojo de su pasión...[3]

O texto evidencia claramente o estado de espírito dos comerciantes portenhos.

A representação, finalmente, solicita ao governador a suspensão pura e simples do cumprimento do decreto do Vice-Rei do Peru. José de Ardonaegui, governador de Buenos Aires, indeferiu as pretensões dos peticionários, alegando a impossibilidade legal de suspender a execução de ordens superiores. Diante disso, o "apoderado" da cidade de Buenos Aires dirigiu-se diretamente ao Rei no sentido de facultar aos comerciantes de Buenos Aires as oportunidades mercantis que tanto desejavam. O texto apresenta uma série de queixas e acusações contra as autoridades limenhas, além de ressaltar a validade das reivindicações dos portenhos. Sua tônica não foi outra senão chamar a atenção da cúpula espanhola para os graves prejuízos resultantes das drásticas restrições impostas ao porto de Buenos Aires, não só para os seus modestos comerciantes, mas especialmente para os altos interesses da Espanha. Vejamos o texto na sua parte conclusiva:

Suplica a V. Mag. la Ciudad de Buenos Ayres se sirva dan sus ordenes al Virrey de Lima, a fim de que en consecuencia de lo que se dignó mandarle en Carta Ordem de 28 de Octubre del año proximo pasado, con motivo de haver prohibido el que los comerciantes de Buenos Ayres pudiesem retornar los caudales producidos de su negociación, no moleste á los Dueños, é interesados en la carga de los Registros que han arribado, y arribaren en adelante a aquel Puerto, y que les deje seguir libremente la carrera de su Commercio en la forma que hasta aqui los han praticado, y V. Mag. lo tien resuelto, guardandoles religiosamente sus Contratas; previniendo al mismo tiempo lo conveniente al Gobernador de Buenos Ayres para que suspenda la execución de la orden del Virrey de Lima de 12 de Abril de 1749, por los graves perjuicios que de lo contrario o resultarion, no solo á los Commercios de España y la América, sino tambien a los derechos de V. Mag. de cuya Real benignidad espera la Ciudad suplicante, que tomará las más severas providencias, que de una vez atangen los perjuicios, y daños que hasta aqui se han experimentado en el modo que se ha

3. Cf. *Documentos para la Historia Argentina*, V, p. XLIII.

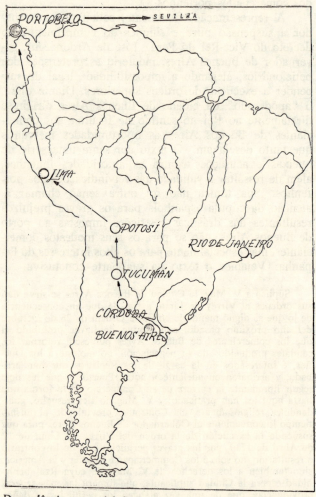

Dependência comercial de Buenos Aires em relação a Lima, na época do Monopólio Régio (séculos XVI e XVII).

hecho aquel Commercio, a cuyo fin repite el suplicante quanto tiene expuesto en su ultima Representacion en que reciberá especial gracia de la piedad de V. Mag. Madrid, 13 de Abril de 1750 [4].

A despeito do sentido patético da representação em apreço, as restrições impostas a Buenos Aires perduram até a fundação do Vice-Reino de Buenos Aires em 1776. O domínio peruano no Prata atuou sempre de forma negativa de modo a impedir qualquer oportunidade de expansão econômica daquela região. A título de preservação dos privilégios, o estamento burguês limenho não teve escrúpulos em reduzir ao mínimo as atividades mercantis de Buenos Aires. Dessa fórma, o antagonismo entre portenhos e limenhos acentuou-se de modo a provocar sérios atritos.

Por outro lado, a política restritiva desenvolvida pelo Vice-Reino do Peru favorecia o contrabando na região do Prata. Impedidos de uma participação legal no comércio com a hinterlândia platina, os portenhos viam-se atraídos para o exercício de práticas comerciais ilícitas, tais como a introdução clandestina de escravos, lãs, casemiras, linhos, etc. A famosa Colônia do Sacramento, relativamente próxima, servia de ponto de apoio para o fomento do comércio ilícito no Prata.

O problema não deixou de chegar ao conhecimento da cúpula administrativa da Espanha. Tanto é verdade que a criação do Vice-Reinado do Rio da Prata se configurou como resposta ao desafio contrabandista daquela região da América Espanhola. Não há a menor dúvida de que a recuperação definitiva da Colônia do Sacramento levou Carlos III a libertar o Prata do domínio peruano. Tratava-se de uma medida de emergência e de caráter provisório. Posteriormente, o caráter definitivo do Vice-Reino de Buenos Aires se impunha à medida que se desenvolvia a política administrativa do primeiro vice-rei. Com efeito, o rei da Espanha havia concedido a Pedro Ceballos o título de vice-rei, com total autonomia do Peru, enquanto durasse a expedição militar contra a Colônia

---

4. Museu Mitre, Biblioteca. *Reales Órdenes sobre el Commercio de América*, etc. — Sección 8.ª, 12, 7, 5.

do Sacramento. Entretanto, a preservação do vice-reinado, graças ao plano de reformas orgânicas levado a
efeito por Ceballos, tornou-se realidade, em que pese
as reações adversas, bem como a resistência do Chile e
principalmente do Alto Peru. A propósito da emancipação econômica e política do Prata, teremos o ensejo
de abordá-la nos próximos capítulos do nosso trabalho.

TERCEIRA PARTE:

CARLOS III E SUA POLÍTICA REFORMISTA NO PRATA

Carlos III foi um homem do seu tempo. Vivendo numa época onde razão, crítica e reforma se apresentaram como características fundamentais, teve o grande mérito de moldar-se à nova mentalidade cujos fundamentos se apoiavam na "Ilustração".

Fortemente imbuído de racionalismo, o homem do "século das luzes" mostrava-se otimista, individualista, não receando buscar a perfeição, conforme nos ensina Vicens Vives[1]. Perfeitamente inserido no contexto ideológico de sua época, o terceiro monarca Borbón não teve dúvida em adotar medidas reformistas de grande alcance. Teve suficiente coragem para adotá-las, ainda que para tanto se visse na contingência de romper com as velhas e arraigadas tradições espanholas. Não há menor dúvida de que a Espanha, sob a égide dos Borbóns, experimentou uma série de alterações em sua estrutura político-sócio-econômica. Entretanto, mesmo sem concordarmos com as referências exageradas que a respeito de Carlos III fez o eminente historiador Desdevises du Dezert, coube ao monarca em foco o grande mérito de desvincular a Espanha da

---

1. J. Vicens Vives, *Historia de España y América*, Barcelona, 1961, tomo 4, p. 35.

velha centralização administrativa que havia comprometido seriamente o êxito dos governos anteriores[2].

Com efeito, os primeiros Borbóns, em que pese suas tendências reformistas, não lograram se inserir no contexto do "reformismo esclarecido"[3].

Por outro lado, é muito comum afirmar-se que a Espanha de Carlos III teve como modelo político-administrativo a conjuntura francesa do século XVIII. Um estudo mais cuidadoso, entretanto, leva-nos a divergir dessa posição assumida pela maioria dos estudiosos que se preocuparam com o problema.

Considerando-se testemunhos da época, constatase uma tomada de consciência da liderança espanhola no tocante à situação de inferioridade do País, num cotejo com as demais nações européias. Bernardo Ulhoa, ao tratar do problema assim se expressa:

> La experiencia de muchos años y continua observación en ellos de los atrasos que padecen en España las fábricas y commercio, respecto de la superioridad que logran en esto las naciones, me han conducido al deseo de investigar con el mayor desvelo las causas de esta desigualdad, en el concepto de que halladas las que lo seen verdaderas, no era dificil apricarlas el antidoto para su remedio[4].

Este documento oferece a idéia da verdadeira preocupação dos espanhóis no que diz respeito à conquista de técnicas e métodos favoráveis ao fomento dos setores agrícola e industrial, independentemente de sua procedência.

Ao abordar a questão, Domingos Marcoleta, em 1772, apontava em seus trabalhos a conveniência da Espanha adotar os vários métodos agrícolas europeus tais como: canais de irrigação, diques e preservação de cereais utilizados pelos holandeses; estradas, aproveitamento dos rios segundo a experiência francesa; pastagens, organização agrária, métodos industriais de acordo com os modelos ingleses.

2. G. Desdevises du Dezert, *L'Espagne de l'ancien régime: les institutiones*, Paris, 1899, p. XIII.

3. Cf. Manuel Lelo Bellotto, *Comércio Marítimo HispanoAmericano*, Fac. Fil., Ciências e Letras de Assis, p. 16.

4. Bernardo de Ulhoa, *Restabelecimiento de Fábricas*, Madri, 1740 e *Apud* José Muñoz Peres, "La España de Carlos III y su conciencia de periodo histórico", Separata da *Revista Arbor*, n.º 49, Madri, 1958, p. 8.

Seria ainda conveniente dizer que a admiração dos espanhóis não se dirigia tão-somente à França. Ninguém ignora o grande prestígio desfrutado pela Prússia de Frederico II na Espanha. O trabalho de Sánchez Diana demonstra claramente essa realidade [5]. Não é justa, tampouco imparcial, a referência a propósito de afrancesamento na Espanha, na época borbônica. Afinal, é de toda a Europa que procede a inspiração dos espanhóis do século XVIII. José Muñoz Perez com muita propriedade sugere a europeização da Espanha e a título de comprovar seu ponto de vista utiliza-se do testemunho de Campomanes. O brilhante assessor de Carlos III assim se manifestou:

> Asi lo que importa en el orden politica a una nación es tomar ejemplo de las mas aplicadas, instruirse de lo que ignora y entablan dentro de ella toda la industria de que carece, y sea acomodada al bien estar del pais y su possibilidad [6].

O texto é esclarecedor no que diz respeito à nova tendência da "Espanha iluminada". A idéia de renovação se mostra presente, sem contudo evidenciar qualquer preferência pelo modelo francês.

---

5. José Sánchez Diana, "El despotismo ilustrado de Frederico el grande y su influencia en España", *Revista Arbor*, XXVII, n.º 110, Madri, 1954, p. 528-543. *Apud* Muñoz Perez, *La España de Carlos III*.

6. Campomanes, "Notas al descurso VI del Memorial de Martinez de la Mata", in *Apéndice a la Educación Popular*, parte IV. *Apud* José Muñoz Perez, *"La España de Carlos III"*, pp. 104-105.

Capítulo I

Aspectos da Conjuntura Política Espanhola

A política de Carlos III caracterizou-se justamente por um sentido eminentemente reformista, ainda que isto lhe custasse os mais sérios problemas. Levando-se em conta a mentalidade nitidamente conservadora que até então dispunha de funções decisórias na vida espanhola, não foi fácil ao monarca reformador realizar a tarefa a que se propunha. Seria de se esperar uma terrível oposição da parte dos meios conservadores, provocando a divisão do País em duas facções diametralmente opostas. Realmente na época de Carlos III, principalmente nos últimos anos do seu governo, a imagem dualista da Espanha se mostrou bem nítida. Não seria nenhum exagero afirmar-se que o terceiro monarca Borbón viu-se na contingência de governar duas Espanhas: a reformista, com a qual o soberano se identificava perfeitamente e a conservadora, que não lhe poupava críticas, bem como lhe oferecia todas as restrições capazes de comprometer sua obra mudancista.

Não há dúvida de que a velha nobreza espanhola, fortemente vinculada às suas tradições, estava disposta a vender muito caro seus privilégios, bem como suas prerrogativas. Traduzindo o espírito conservador dessa classe social o Conde de Torrehermosa assim se referia a propósito das tendências reformistas do seu tempo:

No soy, y nunca fui amigo de novedades, y hay quien mas admire y siga las envenciones de ciertos novadores ignorantes que, olvidados dela Patria y teniendo muy presentes el particular interés y propia comodidad han dado al través con todas nuestras costumbres, usos e leys: pero al mismo tiempo me parece locura sin exceso defender [1].

O texto nos leva à percepção clara da mentalidade profundamente ortodoxa dos conservadores espanhóis. A posição de Torrehermosa e de outros elementos profundamente reacionários provocou um clima de tensão, cujos reflexos se fizeram sentir na vida político-sócio-econômico do País. Foram efetivamente quatro lustros de choques ideológicos entre os grupos antagônicos representados pelas duas Espanhas.

Em 1771, Andre Piquer comentava o momento histórico espanhol da seguinte forma:

Entre nosotros reinan nuestra nación en favor de las extrañas, ponderando que en estas florecen mucho las artes, las ciencias, la política, la ilustración del entendimiento. Otros aborrecen todo lo que viene de fuera, y solo por extraño lo desehan. La preocupación es igual en ambos partidos, pero en el numero, actividad y potencia prevalece el primero al segundo [2].

A opinião de Andre Piquer é válida na medida em que teve o ensejo de viver o problema. Seu testemunho leva-nos à conclusão a respeito da coexistência das duas facções antagônicas, bem como da atuação mais expressiva dos elementos ligados à tendência reformista. Afinal era essa a mentalidade do século, contando, portanto, com o maior número de elementos. Por outro lado, Carlos III não tinha qualquer interesse em esconder suas simpatias por uma política administrativa voltada para reformas.

Não foi por outra razão que se fez assessorar por elementos francamente vinculados ao espírito da Ilustração. Sua preocupação constante era garantir a segurança do trono através de mudanças adequadas, bem como desenvolver economicamente todos os

---

1. Juan de Legana, "Commercio de España e Indias", in *BRAHM*, ms. 11.1.6, 1922, fol. 103. *Apud* Muñoz Perez, *La España de Carlos III...*, p. 11.

2. Andre Piquer, *Logica Moderna*, 2.ª ed., Madri, 1771, pp. 184-185.

setores da vida espanhola. Para tanto não teve dúvidas em convocar uma verdadeira equipe de assessores, todos eles políticos e economistas "iluminados", a título de promover a reforma do País, principalmente no tocante à sua estrutura econômica. Segundo a opinião de Yvone Dias Avelino, Carlos III procurou uma conciliação entre o "político" e o "econômico", o que significaria dizer o "monárquico" e o "capitalismo"[3].

Dentre os brilhantes assessores de Carlos III seria conveniente colocar em destaque a atuação de Campomanes. Partidário da filosofia política dos fisiocratas da França, pôde orientar o governo espanhol no sentido do fomento manufatureiro mediante a instrução popular.

Seus oportunos discursos sempre revelaram sua grande preocupação pelo problema de mão-de-obra qualificada. Por outro lado, o assessoramento de Carlos III contou com a presença do mais expressivo representante da elite aragonesa: o Conde de Aranda. Sua atuação na presidência do Conselho de Castela foi de grande importância para a efetivação das medidas reformistas. Em que pese suas hesitações e incongruências, colocou-se a serviço da burguesia portuária que se mostrava ávida por melhores oportunidades para expandir seus negócios, principalmente em relação ao ultramar. Sua experiência na Embaixada da Espanha em Paris foi de grande valia para a necessária tomada de conhecimento dos ideais reformistas que borbulhavam no "cadinho" da revolução ocidental européia. Ainda no tocante ao assessoramento de Carlos III, a figura de Floridablanca teve especial destaque, ao assumir, a partir de 1777, a Secretaria do Estado. Daí em diante manteve-se firme junto à cúpula decisória da Espanha até o término da administração de Carlos III, repartindo com Campomanes os méritos da política francamente renovadora do século XVIII espanhol. Outros elementos ligados à assessoria real também merecem destaque. Por exemplo, Miguel Músquiz, na qualidade de ministro da "Hacienda". Entretanto, a personalidade cuja presença frente à Secretaria das Índias foi das mais eloqüentes, foi José de Galvez. Sua

3. Cf. Yvone Dias Avelino, *Prata de Vera Cruz na época do Comércio Livre (1778-1787)*, p. 69.

ascensão à Secretaria das Índias, em 1775, deu-se no exato momento em que Carlos III liberava o referido órgão governamental das responsabilidades da Marinha. Suas viagens ao ultramar espanhol facultaram-lhe experiências suficientes para uma decisiva participação nas determinações de maior vulto no contexto reformista da Espanha de seu tempo[4]. Dentre elas poder-se-ia destacar a instituição do sistema das Intendências das Índias, cujo caráter francamente fomentista foi de grande importância para as colônias americanas.

Ainda fez parte da valiosa colaboração de Galvez, no sentido das mudanças estruturais do sistema colonial espanhol, a criação do Vice-Reino do Prata em 1776, bem como o estabelecimento do "comércio livre" das Índias, em 1778.

Efetivamente, Carlos III contava com brilhantes assessores. Jovellanos, Olavide, Roda, também tiveram o ensejo de concorrer com suas luzes para a dinâmica reformadora que caracterizou a administração do terceiro Borbón da Espanha.

Não há menor dúvida de que da habilidade desse soberano espanhol muito dependia a sobrevivência do regime. Não foi por outra razão que Carlos III procurou um estilo novo de governo. Segundo Vicente Rodríguez Casado na época de Carlos III houve maior aproximação entre governantes e governados. Para tanto, altas personalidades da administração real caminhavam a pé pelas ruas de Madri, onde faziam questão de se sentirem notadas, bem como compareciam a festas populares, especialmente às corridas de touros, onde recebiam calorosos aplausos. Aranda, destacado assessor do rei, recebeu Goya em seu gabinete, no que foi imitado por outros elementos da cúpula governamental. Procurou-se, também, contatos com a juventude do país. A Rainha Amália, em carta dirigida a Tanucci, datada de 1.º de abril de 1760, revelou as preocupações de Carlos III no sentido de conhecer de perto os ideais, bem como as aspirações da juventude espanhola do seu tempo. Tratava-se, cer-

---

4. Cf. Vicente Rodríguez Casado, *La política y los políticos en el reinado de Carlos III*, Madri, 1962, p. 246 e s.

tamente, do setor da opinião pública mais receptível às influências alienígenas. Seria interessante observar que o rei não se mostrava de maneira alguma infenso às críticas ou às sugestões partidas das camadas mais populares.

Ao contrário, constantemente, o soberano recebia de bom grado, principalmente das Sociedades Económicas de Amigos del País, sugestões no sentido de substanciais modificações administrativas sob a inspiração altruística de seus nomes; essas entidades, tudo faziam a fim de encontrar soluções para os grandes problemas da época: debilidade da produção do setor agropastoril, bem como da área da industrialização. Para tanto, não tinham receio de criticar as antigas instituições espanholas, principalmente as que se inspiravam nos resquícios medievais. Voltavam suas preocupações para o problema da instrução pública, propugnando por uma reforma educacional que promovesse o desenvolvimento intelectual do País. A atuação das Sociedades Económicas de Amigos del País se fez sentir mais vigorosa a partir da segunda metade do século XVIII. Promovendo a instalação de colonos nas áreas rurais que reclamavam mão-de-obra, melhorando as instalações portuárias, abrindo estradas, criando escolas técnicas, muito contribuíram para a projeção de uma "Nova Espanha", a "Espanha ilustrada".

Porém, foi o famoso *Projecto Económico* de 1785 o subsídio mais precioso oferecido por essas instituições de caráter reformista.

Tratava-se de um planejamento fomentista que abrangia agricultura, artes, comércio, navegação, educação, política, rendas reais, forças públicas, etc. O referido plano previa profundas alterações na administração pública que nada mais nada menos significavam senão o rompimento com velhas tradições, especialmente com aquelas que se manifestavam através de privilégios e exceções nocivas aos interesses nacionais.

Como exemplo poder-se-ia citar a supressão das regalias de antigas instituições tais como o Honrado Consejo de la Mesta. Muito embora, o *Projecto Económico* não tenha sido posto em prática em sua totalidade, não resta a menor dúvida de que serviu de inspiração para Carlos III, que, com habilidade e sutileza, procurou sempre conduzir os destinos da Espanha ao sabor das tendências reformadoras do seu tempo, ainda que tal política lhe custasse muitos contratempos e constantes aborrecimentos. A oposição às novas diretrizes do governo chegou inclusive a envolver membros da própria família real. Nem mesmo o príncipe herdeiro D. Carlos escapou do sutil envolvimento dos fiéis adeptos da "Espanha conservadora". Com efeito, D. Maria Luisa de Parma, sua esposa, diretamente vinculada à oposição espanhola, promoveu reuniões com inimigos do governo em seus aposentos no Palácio do Escurial. O fato, de suma gravidade, chegou ao conhecimento do Rei. Este, além de estranhar o ocorrido, dirigiu enérgica e contundente carta ao seu filho, onde deixava bem claras suas advertências em relação ao comportamento do príncipe e da sua esposa.

Não obstante todas as campanhas movidas pela oposição, Carlos III sempre se mostrou desejoso de levar avante o seu programa de reformas. Os setores político e econômico constituíram sua preocupação maior. Em 1764, atendidos os objetivos militares, a comissão interministerial passou a questionar diretamente os problemas de natureza econômica. Tratava-se de questões cujas soluções acarretavam implicações internacionais que reclamavam prudência e cautela. A França sempre mostrara-se disposta a oferecer sua ajuda. Entretanto, a colaboração francesa se mostrava perigosa na medida em que poderia comprometer a soberania espanhola. Não foi por outra razão que o apoio francês foi sempre recebido com as devidas reservas. Por exempo, o representante de Choiseul na Espanha, o diplomata Beliardi, se esforçara no sentido de convencer o soberano espanhol a anuir com todos os termos do *Projet de Convention Preliminaire entre France et l'Espagne*[5]. Dentre as pretensões francesas poder-se-ia destacar a cessão temporária das possessões espanholas de Porto Rico e São Domingos. Em que pese a insistência dos franceses, com grande habilidade Carlos III repeliu todas as propostas que comprometiam a integridade do patrimônio colonial espanhol.

5. Biblioteque Nationale — Fonds Français, 10.770, 118/127. *Apud* Octavio Gil Munilla, *El Plata en...* p. 101.

Ficava bem claro que de forma alguma, sob o pretexto reformista, pretendia-se facultar a intromissão da França na solução dos problemas espanhóis. Na realidade, o terceiro soberano Borbón jamais pensou em pagar tão alto preço pela reformulação da vida econômica do seu reino. O que sempre pretendeu foi o encontro de soluções eminentemente nacionais para os problemas econômicos da Espanha. De forma alguma esteve interessado na simples troca de injunções inglesas pela influência francesa. O que efetivamente se pretendia fazer seria a instituição de reformas realistas através de um processo evolutivo que consultasse os mais altos interesses da nação espanhola. Escapar das garras dos mercadores ingleses para cair na dependência dos comerciantes franceses não seria, de forma alguma, uma solução feliz para a Espanha. O que se deveria fazer em relação aos interesses da França seria o fiel cumprimento dos tratados.

Por outro lado, urgia melhorar o relacionamento econômico entre a Metrópole e suas colônias ultramarinas, diga-se de passagem, bastante prejudicado pela inoperância do sistema de *galeones y flotas*. Sentia-se que o comércio com o ultramar espanhol não poderia continuar jungido a um pequeno número de expedições, partindo de um só ponto e com um calendário prefixado. A experiência ocorrida em Cuba foi suficiente para demonstrar a saciedade e inoportunidade do sistema vigente. Enquanto a Espanha enviava tão-somente dois navios por ano à referida ilha do Caribe, cujos direitos de entrada e saída atingiam a soma total de 30.000 *pesos*, os ingleses durante o rígido domínio sobre a ilha conseguiram, através do aumento sensível na entrada de embarcações, elevar os direitos a um total de 400.000 pesos.

O Decreto y Real Instrucción, cujo teor regulamentava as relações comerciais entre a Espanha e as Índias, foi baixado em 1765. A propósito, Vicente Rodríguez Casado oferece-nos um interessante e esclarecedor trabalho [6]. Os resultados foram surpreendentes.

6. Cf. Vicente Rodríguez Casado, "Comentario al Decreto y Real Instrucción de 1765, regulando las relaciones comerciales de España e Indias", in *Anuario del Derecho Español*, Madri, 1936-46, tomo XIII.

A 16 de outubro de 1765 facultava-se o "comércio livre" das Ilhas de Barlovento com nove portos espanhóis.

Tratava-se de importantíssima medida no sentido do estabelecimento do "livre comércio". O texto da determinação em apreço é bastante significativo:

> Liberdad a cada uno para navegar, como y quando, y al puerto que le convenga, sin necesitar de acudir a la corte por licencia.

Na Espanha foram habilitados os seguintes portos: Cádiz, Sevilha, Alicante, Cartagena, Málaga, Barcelona, Santander, La Coruña e Gijon. No Caribe os portos de Cuba, Porto Rico, Margarita, Santo Domingos e Trinidad. E ainda o porto de Santa Cruz de Tenerife nas Canárias. Por outro lado, seria interessante considerar o alívio fiscal à guisa de incentivo às relações comerciais entre a Metrópole e o Caribe. Os direitos foram fixados na base de 6% para os gêneros nacionais e 7% para os estrangeiros.

Posteriormente os efeitos do Decreto y Real Instrucción foram estendidos a outras partes dos domínios espanhóis na América. Em 5 de julho de 1774 Yucatán e Campeche foram beneficiados pela medida. Iguais franquias foram concedidas ao Chile, Peru e Buenos Aires através do decreto de 2 de fevereiro de 1778.

Em todas as medidas adotadas por Carlos III sentia-se de perto suas preocupações nacionalistas. Os compromissos internacionais assumidos, particularmente o célebre "Pacto de Familia", jamais conseguiram anestesiar a tônica eminentemente espanhola. Nem mesmo após a Guerra dos Sete Anos, quando houve um maior estreitamento nas relações entre Espanha e França, descuidou-se da preservação das prerrogativas espanholas. A Real Ordem de 13 de dezembro de 1764 nos oferece a verdadeira dimensão das relações franco-hispânicas na época de Carlos III.

Constata-se que a Espanha, de forma alguma, estava disposta a substituir a preponderância inglesa junto aos seus domínios por uma possível hegemonia francesa. Dessa forma, poder-se-ia afirmar que as tentativas de Choiseul, entre 1763 e 1768, no sentido de se imiscuir na política espanhola fracassaram. Carlos III jamais admitiu a equiparação dos comerciantes franceses e espanhóis. O que efetivamente pretendia o brilhante soberano espanhol era proporcionar melhores condições para os mercadores peninsulares[7].

Seria conveniente lembrar que Carlos III cuidou de promover o fomento interno. Afinal, esse era o verdadeiro "calcanhar de Aquiles" da Espanha.

Através de medidas oportunas tratou dos interesses da agricultura, da indústria e do comércio. Em que pese as dificuldades encontradas pela frente, não se pode negar o êxito alcançado. Como exemplo do sucesso poder-se-ia apontar o desenvolvimento das fábricas de tecidos de Ávila, bem como a produtividade da indústria de porcelana de Retiro. Além disso, não se pode esquecer a importação da mão-de-obra especializada da França, Alemanha e Holanda. Não há dúvida de que os operários e técnicos alienígenas concorreram de forma sensível para o fomento do setor fabril espanhol. É verdade que a Espanha, a despeito de todos esses avanços no setor da produção interna, ainda estava muito longe de atender à demanda do seu império colonial. Além do mais, as guerras do fim do século XVIII, nas quais o País viu-se envolvido, comprometeram bastante o trabalho fomentista da administração de Carlos III. Contudo, não se pode ignorar o grande esforço no sentido de incrementar a economia das dife-

---

7. Real Ordem de 13-12-1764 — Archivo General de Indias — Indiferente General — 543, oficios Peru, fls. 54-5 cujo texto é o seguinte: "Haviendo llegado al conocimiento del Rey la errada inteligencia de algunos governadores delas Plazas y Puertos de América, que por el solo sonido de tratado concede a su nación pribilegio que la exceptua de las Leys y Ordenes que prohiven a toda embarcación extrangera en el solo comerciar en los Puertos de Indias sino tambien el ser admitidos em ellos por pretexto alguno... Ha sorprendido a su Magestad tan extraño concepto, apenas creible en personas de caracter a quienes no debia ocultarseles que semejantes variccinio de estabelecidas Leyes, era preciso para praticarla que oubiesen recivido órdenes específicas con individual relación del Tratado, y si asi me manda su Magestad previnir a V. este advertido y lo haja saver a todos los governantes de Plazas y Puertos de su Distrito, que el Tratado de Pacto de Familia con la corona de Francia no tiene clausula alguna que exceptue a sus suditos, si a las embarcaciones de su vendua de la general probivicion que por leyes y órdenes esta estabelecido sobre todo extrangero.

rentes áreas coloniais. A experimentação de um novo método de exploração do tráfico ultramarino foi, sem dúvida, a solução mais corajosa. Para tanto foi necessário o rompimento com as tradições monopolistas espanholas, representando, portanto, o aspecto mais renovador em termos administrativos. Referimo-nos ao Regulamento de 1778.

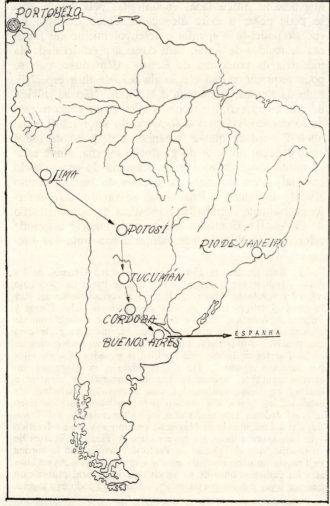

A liderança comercial de Bueno Aires na época do "Comércio Livre" (final do século XVIII).

O *FORELAND* DO PORTO DE BUENOS AIRES NA ÉPOCA DO "COMÉRCIO LIVRE"

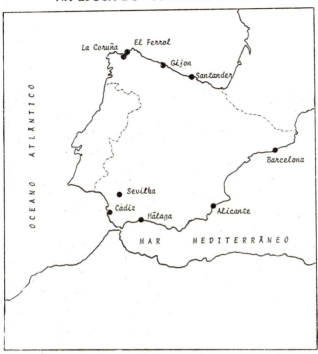

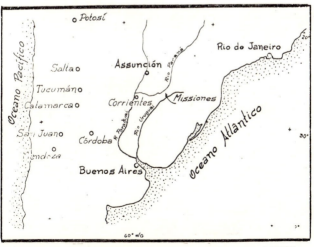

O *HINTERLAND* DO PORTO DE BUENOS AIRES NA ÉPOCA DO "COMÉRCIO LIVRE"

QUARTA PARTE:

PROBLEMAS E INTERPRETAÇÕES

DOCUMENTO

O Regulamento do "Comércio Livre"

Baixado em 12 de outubro de 1778, foi editado pela Imprensa de Pedro Marin e fartamente distribuído nas principais praças espanholas da América. A reprodução deste documento na sua íntegra foi feita por Ricardo Levene em *Documentos para la Historia Argentina*, tomo VI, sob os auspícios da Faculdad de Filosofía y Letras de Buenos Aires, em 1915. Sob o título: *Reglamento y Aranceles Reales Para El Comercio Libre de España a Indias*, o importante documento apresenta uma introdução onde são apresentadas as razões que levaram sua Majestade Carlos III a promulgar tão importante concessão. Seguem-se 55 artigos.

1. **Características que devem ter as naus a serem empregadas no "comércio livre" e condições para nele se habilitarem as embarcações de fabricação estrangeira pertencentes aos espanhóis.**

Todas las Naves que se destinaren á este Comercio, han de pertenecer enteramente á mis Vasallos sin participación alguna de Extrangeros, y los dueños de ellas lo deberán hacer constar segun ordenanza ante los Jueces de Indias de los respectivos Puertos habilitados, sean las embarcaciones de construccion Española, ó Extrangera; porque las de esta clase que huvieren comprado los Españoles, y las que adquiriesen en el termino de dos años contados desde la fecha de esta Real Cedula, quedan relevadas por gracia particular del derecho de extrangería, y las concedo que puedan navegar á las Indias.

2. **Prazo para a admissão de barcos de fabricação estrangeira e incentivos concedidos pelo Rei a título de fomentar a indústria naval espanhola.**

Cumplido el bienio señalado, solo quedarán habilitadas las de construcción Extrangera que hasta entonces se huvieren matriculado, y no se admitirán otras en adelante que las de fabrica Española; pues á fin de aumentar el numero de éstas, se facilitarán á mis Vasallos en estos Reynos y los de América, las maderas que necesiten, y no estén destinadas á construir Vageles para mi Real Armada. Y al que fabricare Navio Mercante de trescientas toneladas, ó más, le concederé por via de premio la rebaxa de UNA TERCERA PARTE de los derechos que adeude en su primer viage á Indias, por los frutos y generos que embarcare de cuenta propria.

3. **Natureza dos oficiais do mar, marinheiros a serem utilizados nas naves do comércio livre da América.**

Los Capitanes, ó Patrones, Maestres, Oficiales de Mar, y las dos partes de Marineros de las Embarcaciones que navegaren á Indias, han de ser precisamente Españoles, ó naturalizados en estos, y para aquellos Reynos; y el otro tercio podrá componerse de Extrangeros Catholicos, comprehendiendose todos en la Matricula, que se forma por los Ministros encargados de ella; y de conseguiente en la obrigación que deben otorgar los Capitanes de volver á España los individuos de sus tripulaciones.

4. **Elenco de portos habilitados na Península, Ilhas Maiorca e Canárias, para participarem do comércio livre.**

Tengo habilitados en la Peninsula para este Libre Comercio á Indias los Puertos de *Sevilla, Cadiz, Malaga, Almeria, Cartagena, Alicante, Alfaques de Tortosa, Barcelona, Santander, Gijon, y Coruña*; y los de *Palma y Santa Cruz de Tenerife* en las Islas de Mallorca y Canarias con arreglo á sus particulares concesiones, en las que unicamente se permite á los naturales de ellas embarcar en sus Registros las producciones y manufacturas próprias de las mismas Islas, con absoluta prohibicion de conducir generos Extrangeros, á menos que vengan sus Embarcaciones á tomarlos en alguno de los Puertos habilitados de España.

5. **Rol dos portos habilitados nos domínios americanos.**

En los Dominios de America he señalado igualmente, como Puertos de destino para las Embarcaciones de este Comercio, los de *San Juan de Puerto-Rico, Santo Domingo, y Monte-Christi* en la Isla Española; *Santiago de Cuba, Trinidad, Batabanó, y la Habana* en la Isla de Cuba; las dos de *Margarita, y Trinidad*; *Campeche* en la Provincia de Yucatán el *Golfo de Santo Tomas de Castilla* y el Puerto de *Omoa* en el Reyno de

Goatemala; *Cartagena, Santa Marta, Rio de la Hacha, Porto-velo,* y *Chagre* en el de Santa Fé, y Tierra Firme; (exceptuando por ahora los de Venezuela, Cumaná, Guayana, y Maracaybo concedidos a la Compañia de Caracas sin privilegio exclusivo) *Mondevideo,* y *Buenos-Aires* em el Rio de la Plata; *Valparaiso,* y la *Concepcion* en el Reyno de Chile; y los de *Arica, Callao* y *Guayaquil* en el Reyno del Perú y Costas de la Mar del Sur.

6. Direitos liberados aos participantes do comércio livre.

Con el deseo de facilitar á todos mis Vasallos esta Contratacion á las Indias, les concedo entera libertad de los derechos de *Palmeo, Toneladas, San Telmo, extrangería, visitas, reconocimientos de carenas, habilitaciones, licencias* para navegar, y demás gastos, y formalidades anteriores y consiguientes al proyecto del año de 1720, que revoco, y ha de quedar sin efecto alguno en todo lo comprehendido por este Reglamento desde su publicacion; reservandome formar el correspondiente para el Comercio y negociacion con la Nueva-España, y permitir tambien desde el año inmediato de 1779, que los Registros anuales de Azogues lleven á Vera-Cruz los frutos y manufacturas de estos Reynos, con la misma rebaxa de derechos, ó respectiva esencion de ellos, que irán especificadas en esta concesion.

7. Processamento burocrático para despacho das naus mercantes nos portos habilitados da Península e Ilhas Maiorca e Canárias.

Para despachar las Naves Mercantes en los respectivos Puertos habilitados de la Peninsula, solo deberán los Dueños ó Capitanes de ellas presentarlas á la carga, participandolo desde luego á los Jueces de Indias que nunca lhes pondrán embarazo, y manifestar á los Administradores de Aduanas los parages de America á que quieran dirigirlas, para que todos los generos y frutos que se enbarcaren pasen por sus Oficinas; se cobren en ellas los derechos ahora establecidos; les formen los individuales Registros que deben llevar; y les reciban las obligaciones que han de otorgar con los Buques, sus personas, y bienes de traher á su buelta las correspondientes Tornaguias, que califiquem haver conducido las cargazones á los Puertos de sus destinos en Indias.

8. Método a ser utilizado nas Alfândegas para registros de carregamentos destinados à América.

Los mencionados Registros se han de formar en las Aduanas de España con total separación de los generos y frutos Españoles, y de los efectos y mercaderías Extrangeras, que nunca se podrán mezclar, y con expresion del aforo y adeudo de derechos exigidos de unos y otros; y firmados por los Administradores y el Contador de ellas, que ha de quedar con copia literal en su Oficina, pasarán relacion, ó nota individual de los mismos Registros al Juez de Arribadas, quien las dirigirá al Ministro del Despacho Universal de Indias para su debida noticia, y providencias que convengan expedir á la America por su Departamento.

9. **Procedimento burocrático referente ao retorno dos navios dos portos das Índias.**

Al retorno de las Embarcaciones entregarán tambien los Administradores á los Jueces de Arribadas iguales relaciones de los caudales, efectos, y frutos que hayan conducido de Indias, y de los derechos que huvieren causado y satisfecho, para que las embien al mismo Ministerio.

10. **Precauções a serem tomadas pelos juízes de Arribadas no sentido de controlar o embarque de pasageiros devidamente autorizados.**

Despues de entregados los Registros, que deben darse cerrados y sellados con direccion á los Ministros Reales de los Puertos de America, y pasadas las copias de ellos á los Jueces de Arribadas, irán estos á bordo de las Embarcaciones para entregar á sus Capitanes, ó Patrones mi Real Patente de Navegacion despachada por el Ministerio de Indias, de que siempre tienen un numero competente de repuesto, y entonces practicarán la Revista acostumbrada de la Tripulacion, Cargadores, y Pasageros, á fin de que no vayan Polizones, ni se embarque persona alguna sin licencia mia despachada por la Via Reservada de Indias, del Consejo Supremo de ellas, ó de la Real Audiencia de Contratacion en Cadiz, que tambien puede darlas en los casos prefinidos por las Leyes.

11. **Penalidades para passageiros desprovidos de licença de viagem.**

Quantos fueren á la America sin estos permisos, aunque los tengan de otros Tribunales, ó Ministros, serán tratados con el mayor rigor; y asegurados á su arribo volverán presos en Partida de Registro para imponerles las penas correspondientes á su delito, como tambien á los Capitanes ó Patrones que los huviesen llevado.

12. **Inspeções a serem feitas pelos juízes de Arribadas nas embarcações para que naveguem sem qualquer risco.**

Verán al mismo tiempo los Jueces de Arribadas si las Embarcaciones están Marineras, y en disposicion de navegar sin riesgo, no permitiendo jamás que vayan sobrecargadas: Si llevan el velamen, xarcias, y demás repuestos correspondientes á la distancia y comun duracion de los viages: Si tienen los viveres y aguada que pueden necesitar segun el numero del equipage y Pasageros: Y si deben por el porte de los Buques, y personas que fueren á bordo de ellos, llevar Capellan y Cirujano para la asistencia y consuelo de todos; precisando á los Capitanes á que cumplan con estas obligaciones antes de entregarles las Patentes, y de permitirles que se hagan á la Vela.

13. Natureza e circunstâncias dos que embarcarem na qualidade de carregadores ou "encomendeiros", bem como requisitos e documentação exigidos.

Supuesto que los que cargaren en frutos, ó efectos comerciables basta el valor de cinquenta y dos mil novecientos quarenta y un reales de vellon, pueden embarcarse, ó embiar con ellos sus Factores, ó Encomenderos conforme á la Real Orden Circular que mandé expedir en 27 de Junio de este año, declaro, que unos, y otros deben ser Españoles por notoriedad, ó por justificacion que presenten de su naturaleza con las fees de bautismo legalizadas para el primer viage; mayores de diez y ocho años; libres de la patria potestad, ó con permiso de sus padres; y los casados han de manifestar el consentimiento de sus mugeres; afianzando todos hasta la suma de quinientos ducados de vellon ante los respectivos Jueces de Arribadas de restituírse á España luego que despachen sus generos, y en su defecto, dentro de tres años, ó de quatro si fueren á los Puertos del Mar del Sur.

14. Método fácil para os interessados em obterem a competente licença de viagem.

El método que todos los Cargadores, Factores, ó Encomenderos expresados en el anterior Articulo deben observar para obtener las licencias de embarcarse sin detencion, ni dispendio alguno, está reducido á sacar Certificacion de la Aduana en que conste haver cargado de cuenta propria, ó á su consignacion, hasta la cantidad prefinida de cinquenta y dos mil novecientos quarenta y un reales de vellon; y presentandola al Juez de Arribadas, la remitirá al Ministerio de Indias con informe de concurrir en los sugetos las demás circunstancias relacionadas; y en su vista se dará la orden á buelta de Correo, para que les permita pasar á la America.

15. Faculdade concedida aos juízes de Arribadas das Ilhas Maiorca e Canárias para dar licenças de embarque aos interessados.

Atendida la distancia ultramarina de las Islas de Mallorca y Canarias, concedo solo á los Jueces de Arribadas de ellas, (inhibiendo á sus Comandantes Generales y demás Ministros,) la facultad de dar dichas licencias á los Pasageros, Cargadores, Factores, y Encomenderos, con la obligacion de informar justificadamente despues á la Via Reservada de Indias para mi Real aprobacion.

16. Possível alívio fiscal a título de fomento às navegações para os portos americanos.

En consideracion á que el pago de derechos en los Puertos de España y America debe ser respectivo al estado de necesidad, ó abundancia de los parages de Indias donde mis Vasallos destinen sus Embarcaciones de Registro, he determinado ahora que todas las cargazones dirigidas á *Puerto-Rico, Santo Domingo, Monte Christi, Santiago de Cuba, Trinidad, Batabanó, Islas de Trinidad, y Margarita, Campeche, Santo Thomas de Castilla, Omoa, Santa Marta, Rio de la Hacha, Portovelo, y Chagre,* gocen la rebaxa y alivio de pagar solamente *uno y medio por ciento* sobre el valor de los frutos y efectos Españoles sujetos á contribucion; y *quatro por ciento* de todas las manufacturas y generos extrangeros, además de lo que estos hayan contribuído á su introduccion en la Peninsula, satisfaciendo respectivamente igual cantidad unos y otros á su entrada en America por el derecho de Almoxarifazgo; y quedando totalmente prohibida la conduccion á Indias de Vinos, Licores, Cerveza, Sidra, Aceyte, y demás caldos de fuera de España.

17. Direitos para os portos maiores.

Las expediciones que se hiciere á los Puertos de la *Havana, Cartagena, Rio de la Plata, Valparayso, Concepcion de Chile, Arica, Callao, y Guayaquil,* satisfarán al tiempo del embarco en las Aduanas de la Peninsula el *tres por ciento* señalado por el Decreto de 2. de Febrero de este año sobre los frutos y generos Españoles que no sean libres de contribucion, ó no se les modere en el nuevo Arancel la que pagaban antes, y el *siete por ciento* de las mercaderías extrangeras, satisfaciendo iguales cantidades por el derecho de Almoxarifazgo á su entrada en dichos Puertos de Indias.

18. Penas para a fraude referente à classificação de gêneros estrangeiros por espanhóis.

Con ningun motivo ni pretexto se han de poder mezclar, confundir, ni suplantar los efectos y manufacturas de España con las extrangeras, poniendolas en unos mismos fardos, baúles, pacas, ó emboltorios; y los que incurrieren en semejante delito sufrirán irremisiblemente las penas de confiscacion de quanto les perteneciere en los Buques y sus cargazones; la de cinco años de Presidio en uno de los de Africa; y de quedar privados para siempre de hacer el Comercio de Indias: Y los Ministros de las Aduanas que resultaren complices en esta contravencion perderán sus empleos, y se les impondrán los demás castigos que por Instrucciones y leyes corresponden á los defraudadores de mis Rentas Reales.

19. **Problemas de internamento de mercadorias no Panamá e portos do Mar do Sul (Pacífico).**

Los efectos y frutos Españoles, y los generos Extrangeros que se desembarcaren en *Portovelo* y *Chagre* podrán internarse por sus dueños, Encomenderos, ó Compradores á la Ciudad de *Panama*, y desde su Puerto á los del Mar del Sur; pero con la expresa declaracion, de que al tiempo de extraherlos de Panamá satisfagan el *uno y medio* en los Españoles, y el *tres* por ciento en los Extrangeros que pagaron de menos en las Aduanas de España por haverlos destinado sus Cargadores á *Chagre*, y *Portovelo*. Y siguiendo la misma regla, contribuirán á su entrada en los referidos Puertos del Mar del Sur el *tres* y *siete* por ciento respectivos, como si los huvieran conducido por el Cabo de Hornos, para que no perjudiquen á los que hagan el Comercio por aquella navegacion.

20. **Faculdade para a mudança de rotas na América.**

A consequencia de la libertad que he concedido para que las Embarcaciones puedan mudar de destino en America con justa causa, y de la diversa contribución señalada segun los parages á que se dirijan, ordeno, que si huviesen sacado los Registros para Puertos de Indias donde sea mayor la qüota de derechos, y fueren á otros donde se cobren menores, deberá aboanarseles á la entrada lo que pagaron de exceso á la salida de España; pero tambien se les cargará lo que hayan satisfecho de menos quando elijan desembarcar en parages donde fuere mayor la contribucion; anotandolo los Ministros Reales de Indias en uno y otro caso al pie de los Registros, ó en las Tornaguias que deben dar para las Aduanas de la Peninsula.

21. **A nova política de preços.**

Como en este Reglamento se ha de insertar el Arancel primero de los precios fijos á que por ahora se deben regular los frutos y manufacturas Españolas sujetas á contribucion, y los generos extrangeros, para igualar la exaccion de derechos en todos los Puertos habilitados de España, declaro, que en America se ha de aumentar sobre los mismos precios, á fin de cobrar la contribucion, un *cinco* por *ciento* en *Puerto Rico*, *Monte-Christi*, *Santiago de Cuba*, la *Trinidad*, *Batabanó*, *Islas de Trinidad*, y *Margarita*, *Campeche*, *Santo Thomas de Castilla*, *Omoa*, *Santa Marta*, *Rio de la Hacha*, *Portovelo*, y *Chagre*; un *ocho* por *ciento* en la *Havana*, y *Cartagena*; un *doce* en *Montevideo*, y *Buenos Ayres*; y un *veinte* en *Valparayso*, *Concepcion de Chile*, *Arica*, *Callao*, y *Guayaquil*; valuando en Indias el peso de quince reales y dos mrs. de vellon de España por el fuerte de aquella moneda.

22. **Liberação de ônus fiscais das manufaturas espanholas exportadas para a América pelo espaço de dez anos.**

Igualmente declaro, que en beneficio de mis Vasallos he venido en libertar por diez años de toda contribucion de derechos y arbitrios á la salida de España, y del Almoxarifazgo á la entrada en America, todas las manufacturas de *Lana, Algodon, Lino,* y *Cañamo* que sean indubitablemente de las Fabricas de la Peninsula, y de las Islas de Mallorca y Canarias; y que los texidos de *Seda* sola, ó con mezcla de oro y plata fabricados en estos Reynos y en dichas Islas, solo paguen por cada libra Castellana de diez y seis onzas *treinta y quatro maravedis* en lugar de los ochenta que hoy contribuyen, segun las resoluciones dadas anteriormente para el Comercio Libre de las Islas de Barlovento.

23. Manufaturas espanholas que gozarão de alívio fiscal.

Con este motivo prevengo, que, como los Fabricantes y Artesanos Extrangeros desde que se establecen en mis Dominios son reputados conforme á las Leyes de ellos por Vasallos mios, se deberán tener sus manufacturas por de Fabricas Españolas, para que gocen de las rebaxas y esenciones concedidas á ellas; pero no podrán dichos Fabricantes navegarlas de su cuenta, á menos que se hallen naturalizados para el Comercio de Indias.

24. Liberdade e direitos a outros gêneros e manufaturas espanhóis.

Además de los muchos generos que se comprehenden en las cinco clases antecedentes, he venido en conceder igual libertad de derechos al *Acero, Alambre de Hierro y Laton, Almagra, Azucar, Bermellon, Birretes de Seda, Blondas, Café, Carnes,* y *Pescados* salados de estos Dominios, y los de Indias; *Cerbeza, Cedazos, Cerraduras,* y Clavazon de metal dorado; *Chocolate, Crystales, Cuchillos, Encaxes, Espejos, Fideos,* y demás Masas, ó Pastas; *harina, hojas de lata, de espadas, Sables,* y *Espadines; Lacre, Ladrillos,* y *Loza* de todas las Fabricas de España; *Navajas, Nuezes, Papel blanco,* y *pintado, Peltre, Piedras de Marmol,* y *Jaspe* para mesas, y baldosados; *Plomo, Polvora, Romero, Sal, Sevo, Sidra, Sombreros, Vidrios, Zapatos,* y toda especie de *Quinquilleria* que se fabricáre en estos Reynos.

25. Sobre o fato de as concessões fiscais previstas nos artigos anteriores não dispensarem o pagamento da "Alcabala" nas Índias Ocidentais.

Para evitar equivocaciones en America declaro, que en la esencion del Almoxarifazgo expresada en el Articulo 22, no se comprehende la Alcabala que todos los frutos, generos, y mercaderias deben satisfacer á su internacion en aquellos Dominios, y cada vez que se vendieren en qualquiera parte de ellos.

26. **Ordenação do tratamento fiscal dispensado às mercadorias espanholas, para as produções da América e Filipinas exportadas para a Península espanhola.**

Debiendo regularse tambien por frutos y efectos Españoles los que se traygan é introduzcan en estos Reynos como producciones propias de mis Dominios de America é Islas Filipinas, concedo que se puedan embarcar libremente en las Naves de este Comercio para los Puertos de Indias donde convenga á mis Vasallos conducirlos y comerciarlos.

27. **Método para justificar a qualidade dos gêneros, bem como as penas para os contraventores.**

Con el justo fin de que estas gracias recaygan unica y precisamente sobre las manufacturas y frutos Españoles, han de justificar esta calidad los Cargadores en las Aduanas de los Puertos habilitados, presentando Despachos de los Administradores Reales donde se hallaren establecidas las Fabricas, cuya marca y nombre del Pueblo deben llevar las piezas de texidos, con expresion de la calidad y tiro además del Sello de la Aduana si la huviere, como lo tengo mandado en Ordenes Circulares y recientes. Pero en los efectos que por su diversa calidad no admitan estas señales, segun sucede en las obras menores de punto y otras semejantes, deberán presentarse Certificaciones juradas de los Fabricantes, ó Vendedores para que en virtud de ellas, y cerciorados de su verdad de que serán responsables, puedan librar sus Despachos los Administradores de los respectivos Lugares en que se hayan trabajado estas maniobras. Y el que cometiere la infidelidad de suplantarlas, ó de falficar los Documentos comprobantes, sufrirá todas las penas establecidas en el Articulo diez y ocho de este Reglamento.

28. **Instruções para resolver questões ligadas às áreas onde não haja funcionários reais competentes.**

Si no huviere Aduana, ó Administrador de Rentas Provinciales en los parages de las Fabricas, deberán los Conductores de sus manufacturas ocurrir á las Justicias, para que les dén los correspondientes Despachos con atestacion de Escribano, y expresion individual de los Artifices y demás circunstancias ya expresadas para acreditar la calidad y origen de ellas. Y si las Fabricas estuvieren en los mismos Puertos habilitados harán constar los Extractores en las Aduanas de ellos las personas de quienes huvieren comprado los generos por Certificaciones juradas de los Fabricantes, ó Vendedores.

29. **Instruções aos administradores reais para o reconhecimento dos gêneros.**

Quando, sin embargo de estos Documentos, tuvieren los Administradores alguna presuncion de fraude, ó quisieren asegurarse mas en la calidad de las manufacturas, podrán hacerlas reconocer por sugetos expertos, y se estará al juicio de ellos, no obstante las marcas y demás requisitos, á menos que los Dueños, ó Conductores prueben con evidencia lo contrario. Y verificado el caso de ser Mercaderías extrangeras las que se hayan presentado con nombre y señales de Fabricas Españolas, se confiscarán por el mismo hecho aplicando su importe por mitad al Juez y Denunciador, y executando la sentencia baxo de fianza, aunque se interponga apelacion de ella.

30. **Castigos para os que falsificarem marcas ou despachos.**

Siempre que resultare comprobada la falsedad de las marcas y Despachos, se castigarán los autores y cómplices de este grave delito con las penas que van prefinidas en el citado Artículo diez y ocho de este Reglamento; advirtiendo que, aun quando los generos salgan como Españoles de los Puertos habilitados en la Peninsula, é Islas de *Mallorca y Canarias*, se volverán á reconocer por menor en los de America, y se declarará el comiso con extension al Buque que los conduxere, si perteneciere al mismo dueño de ellos.

31. **Gêneros considerados como espanhóis e distinção entre os fabricados com matéria-prima espanhola e os produzidos com matérias estrangeiras (artigo fundamental).**

Han de regularse por manufacturas de estos Reynos todas las que se hilaren, torcieren, y fabricaren en ellos; y las pintadas, ó beneficiadas, de modo que muden el aspecto, ó el uso y destino que tenian al tiempo de su introduccion, aunque sus primeras materias sean Extrangeras. Pero a fin de distinguir estos generos, como es justo, de los que se fabrican con simples y materias de España, ó de sus Indias, deberán contribuir el *tres por ciento* sobre su valor, teniendolo señalado en el Arancel primero, y en su defecto aforando sus precios al pie de la Fabrica donde se hayan beneficiado.

32. **Roupas espanholas que não podem se beneficiar dos privilégios estabelecidos pelo Regulamento do Comércio Livre.**

Se inclurán en esta clase todas las ropas hechas y cosidas en la Peninsula con lienzos y texidos de fuera de ella; pero serán enteramente prohibidas para este Comercio las camisas, vestidos, batas, y qualesquiera otros trages, ó muebles que vengan hechos de Dominios Extrangeros; quedando solo exceptuado y permitido por ahora en generos manufacturados el renglon de Quinquilleria.

33. **Prêmios que Sua Majestade o Rei oferece aos donos de navios construídos na Espanha que estejam carregados exclusivamente de mercadorias espanholas.**

Los dueños de Navios y Embarcaciones de construccion Española, que los cargaren enteramente de frutos y manufacturas nacionales para los Puertos de Indias comprehendidos en esta permision, gozarán en premio de su amor á la Patria la rebaxa de una *tercera parte* de todos los derechos que adeudasen, además de las esenciones que dexo concedidas á varios generos de España; y si los renglones de ellos compusieren solo los dos tercios de la carga, les perdono el *quinto* de la contribucion que debieren satisfacer.

34. **Obrigação de todas as embarcações do comércio livre e correios marítimos no sentido de levar e trazer os competentes registros de suas cargas.**

Todo lo que se cargare en las Embarcaciones de este Libre Comercio, tanto á la salida de los Puertos habilitados en la Peninsula é Islas de *Mallorca* y *Canarias*, como á su regreso de los que van señalados en America, y tambien los frutos, efectos, y caudales que se transportan de ida y vuelta en los Correos maritimos, han de ser precisa y formalmente registrados en las respectivas Aduanas, ó Caxas Reales, baxo la pena irremisible de comiso de quanto no se contenga en los Registros, aunque sean generos libres de toda contribucion; y sin que puedan servir de disculpa á los conductores las Guias particulares de los Ministros de Real Hacienda, ni las manifestaciones voluntarias que hasta ahora se han admitido en algunos casos por mera equidad, y que quedan absolutamente prohibidas para lo succesivo. Debiendo todos proceder en la segura inteligencia, de que tengo dadas las mas estrechas ordenes sobre estos puntos por los Ministerios de Indias y Hacienda, y que en su cumplimiento se harán los mas exactos y rigorosos cotejos de las cargazones con los Registros.

35. **Rigorosa proibição de Arribadas, escalas e transbordos.**

Durante la navegacion de ida y buelta no es permitido a los Capitanes, ó Patrones de las Naves mercantes hacer arribadas, ni escalas voluntarias, y mucho menos arrimarse á Embarcaciones Extrangeras baxo las penas impuestas en las Leyes de Indias. Y para que en los Puertos de ellas se arreglen a sus Ordenanzas, y práctica establecida, darán parte luego que entren á los Gobernadores de los acaecimientos del viage, y entregarán los Registros á los Ministros Reales para que, poniendo á bordo los Guardas necesarios, se proceda á empezar la descarga dentro de veinte y quatro horas, y concluirla con la brevedad posible, á menos que lo impida el tiempo, ó que sobrevengan otros motivos justos.

36. **Regras para os carregamentos nos portos americanos.**

Las mismas reglas deben observar-se para cargar en America los caudales, frutos, y efectos con que los Buques mercantes han de retornar á los Puertos de España de donde salieron, ú otro de los habilitados para este Comercio, sobreviniendo causa justa que los precise á ello.

37. Patentes das navegações, bem como seu controle pelo Ministério das Índias.

Permitida la descarga en ambos casos, y dado por cumplido el Registro, entregarán los Capitanes, ó Patrones mi Real Patente de Navegacion al Juez de Arribadas, para que la remita al Ministerio de Indias donde se archivan todas, á fin de evitar los inconvenientes que ya se han experimentado de que un mismo Pasaporte sirva para mas de un viage, y diversos sugetos que cometieron el delito de mudar sus nombres.

38. Proibição da retirada de mercadorias após terem passado pela aduana. (Tal restrição poderia ser superada, desde que o interessado pagasse igual contribuição exigida na entrada.)

Respecto de que en favor de este Comercio concedo nuevamente á mis Vasallos la libertad de sacar sus Registros de las Aduanas de España para uno, ó mas Puertos de los habilitados en Indias, y el que puedan allá variar el destino quando les convenga por temporal, falta de despacho, ú otros motivos justos; prevengo, que si en estos casos desembarcaren parte de las cargazones en qualquiera de los parages de America contenidos en este Reglamento, nos les será permitido volver á extraher las partidas ya introducidas siempre que hayan pasado las Aduanas, y adeudado los derechos de entrada, por evitar los fraudes y embarazos que semejante facultad causaria en las Oficinas de Indias.

39. Pagamento da contribuição exigida na entrada para a retirada de mercadorias.

Será lícito sin embargo á los Dueños, ó Compradores de los generos, efectos, y frutos conducidos en las Naves de esta permision, extraherlos con nuevos Registros de los Puertos de America donde se hayan introducido para qualesquiera otros de los habilitados en ella, pagando los mismos derechos que contribuyeron á su entrada, asi como está permitido á mis Vasallos Americanos comerciar con los frutos y producciones de aquellos Dominios de unos Puertos á otros, satisfaciendo las moderadas contribuciones establecidas para aquel trafico interior.

40. Formalidades a serem observadas pelos comerciantes espanhóis e americanos para dar saída às suas mercadorias.

Los Comerciantes que compraren en Indias los frutos y generos que llevasen de España las Naves de Registro, han de tener sus libros de cuenta y razón para dar la salida y paradero de ellos siempre que se les pida, á fin de evitar por este medio el fraude, ó contravando que se podría hacer á la sombra de los efectos y mercaderías que vayan legitimamente de estos Reynos. Y lo mismo deberán observar en España los que adquirieren las producciones que vengan de Indias, para hacer constar el origen de ellas, y el destino que las hayan dado en los casos que sean necesarios.

41. Instruções às embarcações que chegarem aos portos americanos não habilitados para o "Comércio Livre".

Si por algun accidente inopinado arribaren las Embarcaciones en America á Puertos no habilitados para este libre Comercio, deberán hacerlo constar sus Capitanes, ó Patrones con prouebas bien legitimas, y les será prohibido todo desembarco y venta de lo que conduzcan, como tambien el abrir Registro para cargar caudales, efectos, y frutos del País.

42. Prazo e alívio fiscal para os frutos da América que venham de retorno à Espanha.

Aunque por el segundo Arancel, que tambien se insertará en este Reglamento, deben conocer mis Vasallos los considerables alivios que ahora les concedo en la entera libertad de derechos á la salida de America, y en la moderada contribucion á la entrada en España de los frutos y producciones que vengan de retorno, he regulado conveniente prevenir aqui, que la absoluta esencion de muchos renglones especificados en el mismo Arancel, y el primero que relaciona los efectos libres de España, ha de durar por tiempo de diez años, reservandome prorrogarla siempre que correspondan los buenos efectos que me prometo de la actividad, aplicacion, y reconocimiento de mis subditos Españoles y Americanos. Bien entendido, que por el mismo hecho de no revocar estas gracias, cumplido el decenio, se han de tener por prorrogadas sin limitacion de tiempo.

43. Rol dos gêneros coloniais que deverão gozar, no prazo estabelecido pelo artigo anterior, do mencionado alívio fiscal.

Los frutos de America que he libertado de toda contribucion á la entrada en España, cargandola en lo mas a la salida para otros Dominios, son los *aceites* medicinales de *Maria, de Palo, de Canime, de Betola,* y *de Habeto; Ashiote, Agengibre, Algodon* con pepita, sin ella é hilado; *Añil, Azucar, Baldreses, Canchelagua, Bucaros, Café, Calaguala, Cañamo, Carnes* y *Pescados* salados; *Cascarilla* ó *Quina, Cera* en marquetas, *Chichilpate, Chichimora, Clines, Cobre, Conchas* finas y ordinarias de nacar; *Contrahierba, Culem, Dividivi, Estaño, Grana* fina, sylvestre, y *Granilla; Hastas* de animales, *Lana de Vicuña, de Alpaca, de Guanaco, de Carnero,* y *de Ceybo; Lino, Maderas* de todas especies, *Malagueta* ó *Pimienta de Tabasco, Palo Campeche, Brasilete, Amarillo, Ferrey, Futete, Linaloe,*

Moralete, y Santo; Pieles de Cierbo, Venado, Cibolo, Lobo Marino, Tigre, y Vicuña; Pita Sobue, Plata Macuquina, Sebo en pan, Seda sylvestre, y fina en rama, *The, Trapo, Yerba del Paraguay;* y todas las demás producciones propias de Indias, y Filipinas que hasta ahora no se han traído á estos Reynos.

44. Carga fiscal do ouro e prata, amoedados ou em pasta procedentes da América.

Por lo respectivo al Oro y Plata que en moneda y en pasta se traxeren á estos Reynos de los de Indias, incluso el de Nueva España, he determinado moderar todos sus derechos á *dos por ciento* en el Oro con arreglo á la Cedula de primero de Marzo de 1777, que se halla en práctica, y se insertará en este Reglamento, y á *cinco y medio por ciento* en la Plata amonedada ó en Pasta, comprehendido en esta qüota el árbitrio que cobra el Consulado de Cadiz, y que solo ha de subsistir ceñido á *medio por ciento,* como lo está en el Oro, interin acaba de pagar los acreedores que prestaron sus caudales para urgencias de la Corona á fines del siglo pasado y principios de este.

45. Comparação entre os impostos que pagavam anteriormente o ouro e a prata com os estabelecidos pelo Regulamento do Comércio Livre.

Mediante á que el Oro amonedado contribuía mas de un cinco por ciento de derechos y arbitrios á su entrada en Cadiz, antes que se librára la citada Cedula de primero de Marzo de 1777, y que la Plata acuñada paga hoy un diez sin contar los subidos fletes que señaló el proyecto del año de 1720, y otros gastos que sufre, deben inferir mis Vasallos quánto es el beneficio que ya logran en el Oro, y el que nuevamente les concedo de rebajar á *cinco y medio por ciento* las contribuciones sobre la moneda de Plata, con declaracion de que solo el *quatro* percibirá mi Real Hacienda por todos sus derechos; *medio* el Consulado con la calidad y fin prevenidos en el Articulo anterior; y el *uno* restante se depositará con cuenta separada a disposicion de mi Ministro de Indias, asi para indemnizar al Colegio Seminario de San Telmo y otros Cuerpos que tenian dotacion en el gravoso derecho de Toneladas, como tambien para invertir el sobrante en la construccion del cacamino de Andalucia, que interesa principalmente al Comercio de Cadiz.

46. Liberdade aos carregadores para um ajuste dos fretes com os donos, capitães ou mestres das embarcações do "Comércio Livre".

Con la justa idea de que se moderen los fletes de ida y vuelta en las Embarcaciones de este Comercio, ordeno, que los Cargadores tengan plena libertad para ajustarlos con los Dueños, Capitanes, ó Maestres de ellas, dependiendo este punto,

79

como es debido, del voluntario convenio de los Interesados, á consecuencia de quedar abolido el perjudicial derecho de Toneladas que hasta ahora han contribuido todos los Buques destinados á la carrera de Indias.

47. Faculdade da abertura de registros nas Índias Ocidentais.

Siendo uno de los mayores daños que han sufrido mis Vasallos la detencion en retornar el producto de sus negociaciones á Indias, he resuelto, que en las Naves de esta Contratacion no solo puedan embarcar en frutos y dinero el valor de sus cargazones, sino que tambien tengan facultad de admitir los caudales que otros quieran registrar en ellas, con tal de que no excedan las cantidades de mil pesos por tonelada segun el porte de los Buques, y que no haya al mismo tiempo Vagel de mi Real Armada en disposición de recibir carga para España.

48. Liberdade e alívio de direitos fiscais para a mercadoria da região da América do Norte (Louisiana).

Por Real Decreto de 23 de Marzo de 1768, concedí la gracia del Comercio á la Provincia de la *Luisiana* con entera libertad de derechos sobre los efectos y generos Españoles y Extrangeros, asi en su extracción por los Puertos habilitados de España, como en la entrada a dicha Colonia, y salida de los caudales y frutos de ella, fixando la contribucion de estos á su retorno y desembarco en la Peninsula á *quatro por ciento,* que luego quedó rebaxado al *dos* en Real Orden de 2 de Mayo de 1777. Y con atencion a lo mucho que conviene á mi Real servicio el fomento de aquella Provincia y el aumento de su poblacion y comercio, declaro, que lo debe disfrutar con la libertad y alivios expresados: y que las Naves de mis Vasallos que lo hicieren han de observar puntualmente todas las reglas que van prefinidas para los demás parages de America comprehendidos en este Reglamento, á excepcion de que no podrán variar su destino, ni descargar en otros Puertos de Indias, sin justificar plenamente que por violencia de temporal, ú otro caso fortuito se vieron en la absoluta necesidad de hacerlo.

49. Problema das embarcações destinadas à Louisiana que, por força de tempestades ou outro caso fortuito sejam obrigadas a buscar outros portos das Índias.

Quando se verificare el accidente prevenido en el Articulo anterior, no será permitido á las Embarcaciones destinadas para la *Luisiana* descargar el todo ni parte de los efectos que lleven registrados á ella, á menos que prueben legitimamente y se reconozca por inteligentes, que los Buques se hallan imposibilitados de continuar el viage sin carena ó composicion; y entonces pagarán por los efectos y generos que introduxeren y vendieren en el Puerto de la arribada todos los derechos que dexaron de contribuir á su salida de España, y los correspondientes á su entrada en America.

50. Isenção de direitos fiscais para artigos de peleteria oriundos de Louisiana.

La considerable utilidad que pueden conseguir mis Vasallos en el renglon de la Peleteria que traygan de la *Luisiana,* me mueve á libertarlo enteramente de todos derechos por diez años á su entrada en los Puertos habilitados de España, bien que á su salida de ella para otros Dominios satisfarán la contribucion señalada en el segundo Arancel á las Pieles que se extraygan sin estar manufacturadas.

51. Regras para o comércio das Filipinas.

En auxilio del interes nacional, y del Comercio directo que se halla establecido de España á Filipinas, he venido en libertar de todos derechos y arbitrios de extraccion los frutos, efectos, y dinero en plata de estos Reynos que se cargaren en Cadiz e demás Puertos habilitados para aquellas Islas, y que gozando igual esencion á la entrada de ellas, sean tambien libres de contribucion á la salida sus producciones propias que vinieren de retorno, las que se regularán en la Peninsula por el Arancel segundo como los generos de Indias, con expresa declaracion de que las mercaderías de China y demás partes de la Asia que tengo permitidas y se traxeren de Manila, podrán llevarlas mis Vasallos á la America Septentrional, pagando unicamente los derechos señalados en este Reglamento á las manufacturas y efectos Españoles, además de lo que hayan satisfecho á su introduccion.

52/ Proibição aos espanhóis peninsulares, bem como das 54. colônias, de receberem gratificações ou emolumentos dos interessados no comércio livre. Formação dos consulados de comércio junto aos portos habilitados. Caráter fomentista dessa instituição.

Así los Jueces de España y America, como los Administradores de Aduanas, Oficiales Reales, y demás empleados en el Resguardo de mis Rentas no podrán pedir ni tomar derecho, gratificacion, ni emolumento alguno de los dueños de las Embarcaciones mercantes, sus Capitanes, ó Patrones, Cargadores, Factores, ó Encomenderos por las diligencias del registro y demás necesarias á su pronta habilitacion y despacho. Bien entendidos todos, que de lo contrario incurrirán en mi Real desagrado y en las penas correspondientes á las circunstancias de los casos, pues mi Real intencion es que los protejan y dén quantos auxilios necesiten.

Como la mira principal que he tenido en esta amplia concesion, se dirige dignamente á restablecer la industria y felicidad de mis Vasallos, y que á este intento regulo por importante y utilisimo, que en todos los Puertos habilitados de España donde no huviere Consulados de Comercio, se formen ahora con arreglo á las Leyes de Castilla é Indias, encargo y cometo privativamente á mis Ministros de Estado, Indias, y Hacienda el formal establecimiento de estos Cuerpos Nacionales, para que protexidos eficazmente de mi Real autoridad, y auxiliados de las Sociedades economicas de sus respectivas Provincias, se dediquen á fomentar la Agricultura y Fabricas de ellas, y tambien á estender y aumentar por quantos medios sean posibles la navegacion á mis Dominios de America.

Interin se formaliza la ereccion de estos Consulados y se prescriben sus funciones y facultades respectivas al Comercio de Indias, han de conocer los Jueces de Arribadas de todos los assuntos judiciales que ocurran con motivo de esta libre Contratacion, y de sus sentencias asesoradas con Letrados conocidos admitirán las apelaciones que se interpusieren para mi Consejo Real de las Indias, y no para otro Tribunal alguno.

55. **Revogação das concessões anteriores de "comércio livre" que contrariam os preceitos estabelecidos pelo Regulamento de 1778.**

Comprendidas y ampliadas como lo están en esta Real Cedula mis concesiones anteriores de 16. de Octubre de 1765. de 23. de Marzo de 1768. y 2. de Febrero de este año, que abrieron provisionalmente el Comercio Libre con las Islas de Barlovento, Luisiana, y la America Meridional, han de quedar por consiguiente sin efecto ni observancia aquellas resoluciones. Y para completar este nuevo Reglamento, y que sean uniformes en todos los Puertos habilitados de España é Indias la práctica, y la qüota de derechos que se debe exigir en ellos por los frutos, mercaderías y generos que se registraren de ida y vuelta, he mandado insertar aqui los dos citados Aranceles en que, por ahora y hasta nueva providencia, se fixan los precios de unos y otros, y que se copien tambien el respectivo a los derechos que pueden llevar los Escribanos de Registros de Indias publicado en 16. de Febrero del presente año, y la Real Cedula expedida en 1. de Marzo de 1777. sobre la rebaxa de derechos del Oro en estos y aquellos Reynos.

Regulamento de 1778

O Regulamento de 1778 surgiu como resposta a uma finalidade objetiva: a premência de se fomentar os recursos econômicos do País. Não foi por outra razão que adquiriu enorme relevância dentro da evolução geral da legislação mercantil indiana. Os cuidados dispensados, desde os pequenos detalhes de sua impressão, como a escolha do papel, do tipo de letra, evidenciam sua importância no ambiente governamental espanhol. Sente-se que houve todo um esforço conjugado no sentido de ser o Regulamento o quanto antes divulgado; para tanto sua impressão foi rapidamente executada pelos melhores técnicos da nação, garantindo dessa forma a sua perfeição.

A propósito, existem posições discrepantes a respeito do Regulamento de 1778. O Prof. Ricardo Levene, a quem pertence o mérito da sua publicação, vê um processo de evolução desde 1720 até 1797, incluindo o Regulamento de 1778, como simples etapa. Por outro lado, o Prof. José Muñoz Perez acredita que a legislação comercial borbônica representa com o Regulamento de 1778 o final de todo um processo, de vez que o projeto dos galeões de 1720, a permissão do comércio livre com as Ilhas de Barlovento de 1775 e o Decreto e Real Instrução, também de 1775, representaram as etapas anteriores. Segundo a opinião deste autor, o Regulamento de 1778 significa, por um lado, a consolidação definitiva de um regime comercial, que antes havia sido "experimentado" em algumas colônias espanholas, sentindo-se a preocupação em introduzir modificações, de início, tão-somente nas áreas onde o sistema colonial tivera menos profundidade e intensidade, o que facultaria a aplicação do comércio livre sem opositores ferrenhos, e onde também um possível fracasso do novo sistema causaria menos prejuízo. Por outro lado, o Regulamento representou a sistematização de todas as medidas anteriores, e em certo sentido a superação daquelas [1].

O Regulamento de 1778 só pode ser analisado tendo em vista a situação em que o império espanhol se encontrava no século XVIII. Sem dúvida alguma, o século XVIII ficou marcado por profundas e substanciais transformações. As idéias políticas, sociais, econômicas, religiosas e filosóficas que vestiam o velho regime, não suportaram os violentos ataques da nova forma de pensamento surgida entre os pensadores liberais daquele século. Criticava-se o absolutismo real, os privilégios da nobreza e do clero, bem como o superado mercantilismo.

O homem do século "iluminado" pugnava pela liberdade de ação, de expressão, de divulgação de obras e principalmente pela garantia dos direitos naturais humanos.

As detestadas *lettres de Cachet* urgiam ser destruídas e a participação popular na formação do Estado significava a mais humana e livre forma de construção de uma sociedade nova. A França, que experimentara o modelo mais significativo do absolutismo monárquico, sentiu mais de perto toda a contestação do antigo sistema. As discrepâncias existentes entre os grandes intelectuais da época, tendo como principal área de divergências o aspecto formal da construção de um novo Estado, apresentavam contudo um objeto comum: destruir a velha ordem e organizar o novo Estado tendo como fundamento a Razão.

O setor econômico mostrava o capitalismo comercial, sob a liderança da Inglaterra, ensaiando sua marcha em direção ao capitalismo industrial. O mer-

---

1. Cf. José Muñoz Perez, "La publicación del Reglamento de comercio libre de Indias, de 1778" in *Anuario de Estudios Americanos*, v. IV, pp. 615 a 664.

cantilismo sucumbia. A escolha fisiocrática surgida em França defendia ardorosamente o *laissez-faire*. Adam Smith, na Inglaterra, demonstrava a fragilidade da teoria mercantilista em relação ao padrão ouro. Somente a Espanha insistia em preservar as restrições, bem como os monopólios do mercantilismo. Em que pese a esperança de modificações estruturais, o País ainda vivia sob as conseqüências desastrosas de seu aparelhamento estatal obsoleto. Coube a Carlos III o grande mérito de reformar todo o ordenamento ultrapassado, a título de reerguer a economia espanhola. Para tanto, seguiu a orientação econômica denominada "mercantilismo ilustrado"[2]. De pronto a solução encontrada por Carlos III expressava claramente a contradição espanhola. O velho e o novo, a despeito de antagônicos, juntos oferecendo perspectivas interessantes para a economia da Espanha. Enquanto França, Inglaterra e Holanda se deixavam envolver pelos fascinantes princípios do liberalismo, a Espanha encontrava um modelo híbrido para resolver sua crise econômica. Com o Regulamento de 1778 oferecia-se aos espanhóis, independentemente de seus vínculos com as velhas instituições econômicas, a oportunidade de participação no comércio das Índias. Não obstante, o Estado não abria mão de um rígido controle do giro comercial transatlântico. Uma exegese do texto nos permitiria demonstrar a natureza e a estrutura do importante documento. Vejamos o texto:

O Rei.
Como desde minha exaltação ao trono de Espanha foi sempre o primeiro objeto de minhas atenções e cuidados a felicidade de meus amados Vassalos destes Reinos e os das Índias tenho dispensado a uns e outros as muitas graças e benefícios que devem perpetuar-se em sua memória e reconhecimento; e considerando eu, que só um comércio livre e protegido entre espanhóis europeus e americanos pode restabelecer em meus domínios a agricultura, a indústria e a população a seu antigo vigor; determinei por decreto e instrução de 16 de outubro de 1765 franquear a vários portos dessa península a navegação às Ilhas de Barlovento que logo se foi estendendo a outras paragens da América com a experiência de seus vantajosos efeitos; Até que por Real Decreto de 2 de fevereiro deste

2. A expressão "mercantilismo ilustrado" é do Prof. Manuel Nunes Dias, *Comércio Livre entre Havana e os Portos da Espanha*.

ano, aproveitei para ampliar aquela primeira concessão às províncias de Buenos Aires, aos Reinos do Chile e do Peru, cuja contratação já faz rápidos progressos. Mas não satisfeito ainda o paternal amor que me devem todos os meus vassalos e atendendo agora a opinião do meu supremo Conselho das Índias e de outros ministros zelosos de meu serviço e do bem comum da nação, concorrem iguais ou maiores causas para compreender na mesma liberdade de comércio aos reinos de Santa Fé e Guatemala, resolvi assim depois do mais prolixo e maduro exame; e em conseqüência disso mandei formar regulamento completo que continha todos os pontos anteriores concessões não revogadas nessa; as novas graças que agora dispenso; e das tarifas de avaliação, e os direitos de quantos gêneros, produtos e frutos embarcaram para a América e aos que dela vieram a Espanha a fim útil de que na presente Real Cédula unam-se todas as regras que se devem observar para a livre navegação às Índias segundo explicar-se-á nos artigos seguintes.

Nesta introdução ao Regulamento Real de 1778 destacam-se os seguintes aspectos:
— o despotismo esclarecido
— o mercantilismo ilustrado
— a política de desenvolvimento espanhol
— a situação das colônias espanholas.

O século XVIII tem uma especificidade única. Ao lado da consciência do novo século, ocorre uma mudança dinástica que dá à Espanha uma "sensação de vida nova", tão bem enfatizada pelo historiador Muñoz Perez. A troca de dinastia foi um fato decisivo na trajetória histórica espanhola. Todas as esperanças de vida nova para o País foram depositadas na nova dinastia. O próprio Campomanes, destacado político do período, viu a dinastia borbônica, substituta da dos Habsburgos, como aquela que poderia sustar o declínio espanhol.

O problema de sucessão ao trono espanhol iniciou-se ao findar o século XVII. Com a morte de Carlos II, seu legítimo sucessor seria Filipe d'Anjou, neto do Rei da França. Inglaterra, Holanda e Áustria temendo uma aliança franco-espanhola intervieram no problema sucessório. A Holanda temia as intenções da França quanto aos Países Baixos; na Áustria a dinastia reinante estava indignada por ter perdido a Coroa espanhola. A Inglaterra temia o fortalecimento dos Borbóns e um desequilíbrio de forças comerciais na América. Toda essa problemática conduziu à guerra, cujo final marcou-se pela assinatura do Tratado de Utrecht em

1713. A grande beneficiária deste tratado foi a Inglaterra que, além de impedir a união franco-espanhola, conseguiu o direito de *asiento* por trinta anos.

Sob a dinastia Borbón, o governo de Carlos III é considerado o reinado chave. Foi ele um representante do que convencionou denominar "despotismo esclarecido", cuja principal característica é a manutenção do poder real através de reformas concedidas ao povo. Nesse sentido, fica patente no texto a preocupação de Carlos III em "dispensar graças e benefícios" aos seus vassalos. Faz parte da ideologia do absolutismo tal sentido de posse que se estende tanto aos domínios quanto aos súditos, sentimento que expressa o desejo de perpetuação de um estado de coisas, que não é mais coerente com o liberalismo que se desenvolvia na Europa. Também o caráter paternalista das concessões está claramente expresso no texto, quando se refere ao "paternal amor" que dispensa aos súditos.

As reformas concedidas pelo monarca, apesar de imbuídas de um caráter paternalista, para afirmar seu direito de posse sobre tudo e todos, eram necessárias naquele momento caótico para a Espanha. Isto significa que, ou o Rei se propunha a reformar o Estado e assim continuar garantindo seu poder, ou muito cedo poderia haver uma sublevação popular e alterar completamente as estruturas. Poucos anos mais tarde, a França seria palco revolucionário quando todo o velho regime ruiu com a ascensão da burguesia.

Contudo, Carlos III viu-se frente a muitos obstáculos, pois nem toda a Espanha era favorável às reformas. A ala conservadora mantinha-se firme na manutenção do sistema em vigor, alegando que as mudanças eram na verdade um afrancesamento da Espanha. O nacionalismo, próprio da época, não admitia influência estrangeira. Daí encontrarmos o País dividido entre os prós e os contra a política de Carlos III. Na verdade essa influência não era apenas da França, mas principalmente européia, como diz Muñoz Perez, e havia também a persistência de idéias anteriores. Muñoz Perez demonstra que a influência das idéias que levavam a uma análise da situação comercial, agrícola e industrial da Espanha, relaciona-se a um momento em que toda a Europa está passando por um processo de auto-análise.

Vicente Rodríguez Casado vê uma "revolução burguesa" no século XVIII espanhol, revolução econômica e ideológica, em que tomam parte, por um lado, o Rei e a burguesia, para substituir a aristocracia no poder, e por outro a própria aristocracia que luta para manter seus domínios. Todo o prestígio que esta camada possuía na época dos Áustrias estava diminuindo e sendo cada vez mais criticado na política, administração e literatura. Com a ascensão da burguesia, já não era mais possível manter a ideologia do antigo regime. Os Borbóns precisavam conciliar a nova estrutura social com os limites estreitos da monarquia absoluta. Num primeiro momento, na Espanha, quando só se tratava da substituição da nobreza nas instituições tradicionais, não houve luta entre burguesia e Rei, que chega a lutar abertamente contra a aristocracia. Carlos III permitiu a entrada de burgueses nos aristocráticos Conselhos de Castela, Índias, Hacienda e Guerra. Em 1770 proclamou uma ordenança em que estabelecia que, para se ocupar cargo na indústria ou comércio, não havia mais necessidade de carta de fidalguia. No ano seguinte, Carlos III criou a Ordem com o seu nome, e com as mesmas prerrogativas que as Ordens de Santiago, Alcântara, Calotreva e Montesa, mas cuja divisa *virtuti et merito* rompeu com o velho sistema nobiliário da limpeza de sangue.

Percebe-se ainda a preocupação do monarca em restabelecer em seus domínios o "antigo vigor" da agricultura, indústria e população. Na política administrativa, o absolutismo de Carlos III bem como de seus antecessores, caracterizou-se pelo progresso da centralização que visava, controlando o clero e a nobreza, aumentar o poder real. Órgãos administrativos que representavam alguma autoridade à margem do Rei foram suprimidos. As Cortes foram, quase todas, unificadas, mas perderam sua importância, pois durante todo o século só se reuniram seis vezes. Os Conselhos Territoriais decaíram, bem como o Conselho de Estado e a Inquisição. Mesmo o Conselho de Castela, o mais alto órgão político-administrativo, teve seu poder diminuído e seus presidentes deixaram de ser vitalícios, e passaram a ser nomeados segundo a vontade real. O historiador Vicente Palacio Atard observa que as reformas de Carlos III procuraram substituir a perpetuidade dos cargos e privilégios e introduzir um princípio de uniformidade que possibilitasse maior racionalidade. No campo econômco-social surgiram as Sociedades de Amigos del País, que se preocupavam com os problemas da agricultura e cujas principais medidas expressaram-se na redução dos privilégios da Mesta, proteção às indústrias particulares, impulso ao comércio, supressão de algumas alfândegas interiores, repovoamento e colonização de áreas. A publicação do Regulamento para Comércio Livre com a América se insere neste contexto de reformas.

Mas esse comércio livre com a América, de acordo com a política espanhola do momento, é protegido, marcando a persistência do antigo sistema de monopólios que a Espanha lutara por manter. Esta política comercial foi caracterizada por Manuel Nunes Dias como "mercantilismo ilustrado". É um mercantilismo anacrônico, num momento em que a Europa está imbuída de idéias do *laissez-faire*, caracterizado por um paradoxo: "livre e protegido".

No texto faz-se referência ainda ao decreto de 16 de outubro de 1765 e ao de 2 de fevereiro de 1778. Esses decretos fazem parte da legislação de caráter reformista que se iniciara desde 1720. O Regulamento de 1778 não pode ser compreendido sem a análise dessas medidas anteriores, porque segundo Muñoz Perez, ele é o fim de um processo que se iniciara com a ascensão dos Borbóns ao trono espanhol. As medidas político-econômicas da primeira metade do século XVIII representavam mais uma tentativa de liquidação dos erros da política econômica dos séculos precedentes, como o regime de *galeones y flotas*, organização fiscal e administrativa muito complexa e a própria organização mercantil. O Regulamento de 1720 era uma medida de urgência que visava intensificar e regularizar o comércio ultramarino, combatendo o contrabando. Foi ele seguido de várias ordens nesse mesmo ano. Mas em 1735 um novo despacho confessava o fracasso do Regulamento: acabavam-se as *flotas* que só davam prejuízos. E o sistema de "registros soltos" é reduzido a partir de 1738 a Buenos Aires e alguns portos antilhanos. Ainda no regulamento de 1720 reaparecera o imposto de *palmea* que já fora utilizado no século XVII, com resultados pouco satisfatórios. Como se percebe, essas medidas procuravam principalmente corrigir apenas dois aspectos: o da tributação e o do tráfico. A partir de 1765 é que se atacou a fundo a estrutura do sistema mercantil com o Decreto e Real Instrução de 16 de outubro de 1765, habilitando nove portos espanhóis para o comércio, e na América os portos de Barlovento. Os produtos nacionais foram taxados em 6%, os estrangeiros em 7% por cento. Trata ainda da mudança de formalidades quanto à documentação dos navios. Porém, ficou restrito a uma área geográfica, e por isso tem mais uma característica de ensaio, característica essa que perdura nos outros Regulamentos em que se vai ampliando a área de aplicação do comércio livre. A partir de 1768 foi estendido à Lousiana. Dois anos depois foram liberados Yucatán e Campeche, além de reduzir o imposto de exportação em 50% sobre madeiras de tinturas. Nos anos seguintes aparecem medidas quanto ao comércio intercolonial, como a de 1774, em que se permitiu que os navios, ao retornarem à Península, deixassem parte da carga nas Antilhas.

O Decreto de 2 de fevereiro de 1778 estabeleceu outros portos livres da Europa, além de taxar os produtos espanhóis em apenas 3%, enquanto que os estrangeiros ainda eram taxados em 7% por cento. Representou um decidido avanço para o estabelecimento do comércio livre total.

Dom Tomaz Ortiz de Landázuri, contador-geral da Espanha, teve uma preponderante atuação no desenvolvimento da política comercial espanhola, contribuindo para a elaboração do Regulamento de 1778. Em 1771, Landázuri tratou, num informe, das vantagens que adviriam para a Espanha com a supressão do regime de *flotas* e dos impostos de *palmeo* e *tonelada*. Esse informe de Landázuri foi oferecido à consideração do Conselho, e serviu de fundamento para a redação do Regulamento aqui analisado. As considerações iniciais encontradas no informe são coerentes com a situação histórica vivida pelo mundo espanhol. O autor referia-se ao temor pelas inovações, à força da burguesia monopolizadora do porto de Cádiz. Landázuri mostra grande sentido de realidade ao chamar a atenção para a necessidade de adequação das idéias estrangeiras à situação espanhola. Ao fazer um histórico da questão comercial espanhola, desde o século XVI, Landázuri afirmou que as reformas de Filipe V agravaram ainda mais a situação. Oservando o panorama de seu País, estabelece o que considera as causas da decadência. Entre essas, destacam-se o monopólio gaditano, o sistema de *galeones y flotas*, a inobservância de leis espanholas nas Índias, a existência de comércio interamericano e o contrabando. Para resolver esses problemas aconselha "os remédios": extensão de direito comercial a todas as províncias da Península, enumerando os possíveis portos a serem habilitados; recomenda a abolição e suspensão do monopólio de Cádiz bem como a supressão da licença real para a navegação às Índias, além de uma série de medidas administrativas que possibilitassem maiores facilidades aos espanhóis interessados comercialmente no tráfico com a América. Percebe-se no informe os princípios de nacionalismo e defesa do interesse espanhol, que evidencia-se também no Regulamento de 1778.

Previu Landázuri reformas tributárias que, com ligeiras modificações, foram endossadas nos artigos do Regulamento. A preocupação do contador-geral em coibir na América a concorrência com a Espanha e sua intenção em proibir o tráfico intercolonial não são encontradas no Regulamento, como também as medidas em prol do fomento da introdução de negros na América.

Constam desse informe sugestões para o fomento do comércio de ouro e prata e para diminuição do contrabando. Considerações sobre o estado das Companhias de Comércio concluem as medidas propostas de um regime único e geral para todas as Índias. Esse informe foi submetido à competência do Conselho que, após meio ano, recomendou-o urgentemente ao Rei. As sugestões de Landázuri foram matéria fundamental, portanto, para a elaboração da Cédula Real de 1778.

O historiador Muñoz Perez destaca a atuação dos Ministros Floridablanca e Miguel de Musquis na elaboração das medidas comerciais.

Por outro lado, seria interessante observar que o divórcio entre o litoral e o interior rio-platenses, estabelecido com a criação da aduana seca de Córdoba, favoreceu a penetração lusitana para o oeste. Com efeito, levando-se em conta a irregularidade do sistema de *galeones y flotas*, não raras vezes o mercado consumidor do Alto Peru viu-se privado das mercadorias de procedência européia. É sabido que houve longos interregnos sem que o abastecimento das áreas mineradoras fosse atendido através do eixo comercial: Sevilha, Portobelo e Lima. Foi justamente nessas oportunidades que os portugueses do Brasil trataram de suprir os consumidores peruanos.

Tendo como principal ponto de partida a Vila de São Paulo, os bandeirantes atingiram as regiões mineradoras que se ressentiam do suprimento de artigos europeus.

Esse relacionamento comercial bem pouco estudado, além de explicar o aparecimento de apreciável quantidade de prata no planalto paulista, justifica a conquista de imensas regiões que inegavelmente pertenciam à Coroa espanhola. Acreditamos que a questão em tela está reclamando um estudo mais profundo, o que, sem dúvida, viria oferecer à historiografia pátria, uma nova visão do importantísismo episódio do bandeirismo.

Os últimos anos do século XVII não apresentam qualquer modificação no quadro rio-platense.

Enquanto o interior encontrava algumas oportunidades de desenvolvimento, o litoral, principalmente Buenos Aires, via-se diante de terríveis vicissitudes. O dualismo persiste.

Demonstração Quantitativa do "Comércio Livre" na Área do Prata

A técnica da história, empregada com mais freqüência nos estudos recentemente surgidos, traz consigo uma série de polêmicas, baseadas nas críticas das grandes listas de quantidades. Nossa preocupação neste trabalho foi exatamente não nos prendermos às grandes listas e sim elaborarmos quadros gerais, que pudessem através de uma visão quantitativa, complementar um panorama teórico do passado.

Tanto no campo da história qualitativa como no da quantitativa, o historiador conta com uma série de dificuldades pela falta de dados, ou pela imprecisão daqueles que existem.

Frédéric Mauro, em sua obra: *Nova História e Novo Mundo* nos mostra que o mais sensato, o mais coerente, e em última análise, científico, é tomarmos como técnica de estudo uma complementação entre os métodos qualitativo e quantitativo, para podermos assim conhecer, em maior escala, nosso objeto de estudo, dentro da formulação da vida do passado.

Partindo então desta premissa desenvolvemos a parte quantitativa, primeiramente efetuando a microfilmagem da documentação de nosso interesse, no Archivo General de La Nación Argentina, em Buenos Aires. Posteriormente fizemos a leitura desses microfilmes, na própria seqüência apresentada pelos mesmos. A seguir, efetuamos a tabulação de dados, os quais trabalhamos, não em termos de amostragem do material levantado, e sim em termos do universo total de dados. Depois de pronta a tabulação, fizemos uma separação em doze pastas, numa *seleção diversificada* por região. Obtivemos as seguintes regiões como utilizadoras do Porto de Buenos Aires, como porta de saída: Paraguai, Missiones, Corrientes, Salta, Mendoza, Potosí, Tucumán, Catamarca, Córdoba, S. Juan, Santiago del Estero, Chile. Posteriormente foi efetuada uma classificação onde foram cruzadas as *variáveis* ano e produto, relativos a cada região, separadamente. Foram depois efetuadas as tabelas de *freqüência,* objetivando um panorama demonstrativo da dinâmica da hinterlândia de Buenos Aires. Foram computadas quantas vezes cada produto de cada região apareceu para a entrada no Porto.

Finalmente, construímos tabelas de contingência, onde cruzaram-se as variáveis *Ano, mês* e *quantidade,* estabelecendo-se percentil dos totais por unidade de medida. Esta etapa de trabalho possibilitou uma análise comparativa, então, só intrinsecamente a cada região platense, observando-se a quantificação das variáveis para cada região, como também uma comparação mais rica, efetuando-se uma análise quantitativa e qualitativa inter-regional, estabelecendo uma visão geral do movimento portuário.

Movimento e Calendário de Navios

Para trabalhar o *foreland* de Buenos Aires, realizamos toda uma técnica de adaptação estatística, onde construímos, num primeiro momento, listagens adaptadas ao nosso estudo, numa busca de possibilidade de trabalho estatístico com os dados informados sobre a entrada de produtos, para o interior de Buenos Aires.

Entre os portos, que compunham o *foreland*, trabalhamos dados sobre: Cádiz, Santander, Barcelona, La Coruña, Málaga, Alicante, Gijon, El Ferrol e Sevilha. Primeiramente, elaboramos um "calendário de movimento dos navios", cruzando em um só quadro, meses e portos; *tipos de navios e portos*. Isto foi feito separadamente para cada ano tomando como ponto de partida 1792, e seguindo até 1800.

Foi a partir deste calendário demonstrativo, que pudemos trabalhar estatisticamente os dados coletados. Desta forma, torna-se dispensável um comentário específico sobre cada "quadro-calendário", porque seus resultados vão aparecer nas tabelas elaboradas.

Primeiramente é necessário dizer, que para a utilização das técnicas estatísticas (através das tabelas), efetuamos *a priori* o cruzamento das variáveis: *tipos de embarcações e portos,* englobando os totais encontrados através do calendário previamente elaborado. A seguir, fizemos o cruzamento entre os *anos* (de saída), e as *regiões*.

Num estudo quantitativo, é importante também não esquecermos do "elemento humano", sem o qual não existiria a própria História. Sabemos que o Homem, na luta pela sobrevivência, se vê à frente de obstáculos, não só de ordem social, criados por si mesmo, como os de ordem natural, independentes da sua própria vontade. Desta forma, além do setor econômico, social, cultural, a luta pela existência, se faz também no setor diretamente ligado aos fenômenos naturais, que regem além de aspectos propriamente individuais, os gerais, como, por exemplo, as variações climáticas, que, não só interferem na adaptação do homem, em suas características orgânicas, como também num setor geral; exemplificando melhor, rege a maior ou menor produção, interferindo em *razão diretamente proporcional* embora em intensidade relativamente pequena no movimento comercial, e conseqüentemente na economia das regiões. Desta forma, observando atentamente o levantamento de dados, percebemos uma oscilação variada entre as diversas estações do ano e o movimento total de embarcações de estilo comercial.

Finalizamos, assim, uma visão geral da dinâmica comercial portuária platense, caracterizando, num primeiro momento, a tipologia das embarcações, e, num segundo, definindo de modo geral, os anos nos quais mais se deu o movimento comercial através das embarcações.

Para completar esta parte, transportamos para a representação gráfica, a contingência das tabelas já comentadas.

Desta forma, o Gráfico 1 mostra, num primeiro plano, o movimento total de embarcações entre Buenos Aires e os portos da Espanha. Neste mesmo gráfico, interpretamos a movimentação econômica de acordo com as estações do ano.

A primeira curva, representando o movimento total, apresenta um decréscimo bastante grande, de 1792 até 1794, onde há um platô para o ano de 1795, subindo depois sensivelmente, forçando outro platô de 1799 a 1800.

A queda sensível da curva é explicada pela guerra entre Espanha e Inglaterra, que muito interferiu na economia portenha.

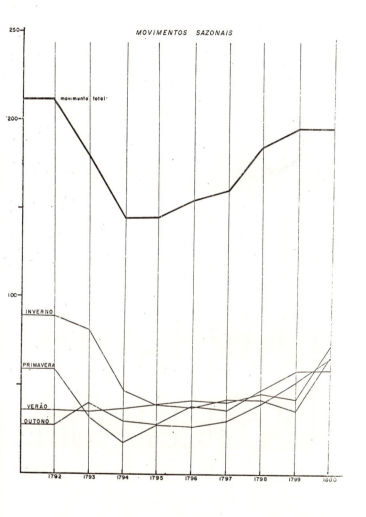

GRÁFICO 1: MOVIMENTOS SAZONAIS

O Gráfico 2 representa a quantidade de embarcações existentes entre 1792 e 1800, por tipologia dos na-

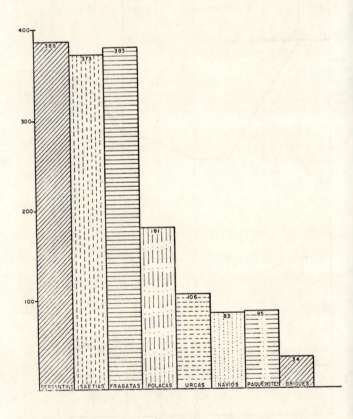

GRÁFICO 2: NÚMERO TOTAL DOS TIPOS DE EMBARCAÇÕES DA ROTA BUENOS AIRES E PORTOS DA ESPANHA (1792-1800)

vios. Assim, vemos caracterizadas as embarcações por três tipos: primeiro pelos Bergantins, segundo pelas Fragatas e terceiro pela Saetias. Quanto às embarcações do tipo "navios", merecem uma conotação especial, pela verificação evidente do aumento deste tipo de embarcação comercial no final do século XVIII, o que representa em última análise, o aumento da tonelagem do tráfico do "comércio livre", tendo em vista, o porte maior destas embarcações, em relação às outras (com mais de 350 toneladas).

O Gráfico 3, foi cuidadosamente construído, objetivando uma acessível visualização percentual do movimento dos portos da Espanha.

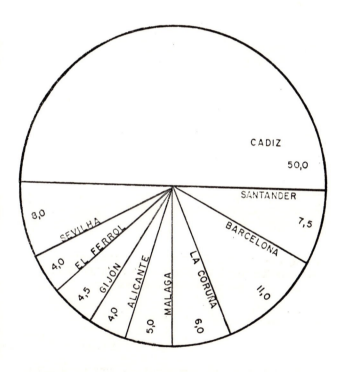

GRÁFICO 3: PARTICIPAÇÃO PERCENTUAL DOS PORTOS DE ESPANHA NA ROTA DE BUENOS AIRES (1792-1800)

O Gráfico 4 representa na linha superior a predominância de Cádiz no tráfico de "comércio livre" (linha contínua). Este gráfico mostra uma comparação entre Cádiz e os demais portos, evidenciando uma queda sensível em relação a todos os portos e este.

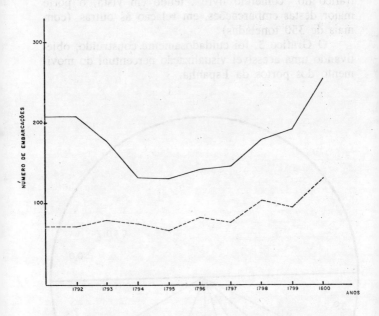

GRÁFICO 4: MOVIMENTO TOTAL DE EMBARCAÇÕES DA ROTA BUENOS AIRES EM RELAÇÃO AO PORTO DE CÁDIZ NA ESPANHA (1792-1800)

O Gráfico 5 vem representando uma complementação visual, do anterior, mostrando novamente Cádiz e os outros portos, desta vez separados, segundo a movimentação de cada um, por ano, o que já constou em tabela, anteriormente analisada.

GRÁFICO 5: MOVIMENTO PERCENTUAL DAS EMBARCAÇÕES DA ROTA BUENOS AIRES E PORTOS DA ESPANHA (1792-1800)

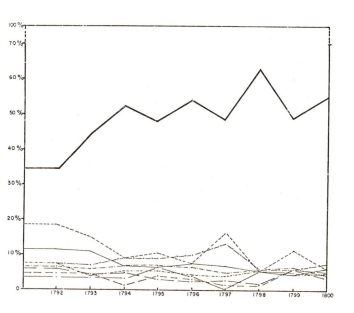

LEGENDA

— CADIZ
----- BARCELONA
——— SANTANDER
—·—·— MALAGA
—·—·— LA CORUÑA
— — — ALICANTE
——— GIJON
——— · EL FERROL
—··—··— SEVILHA

Demonstramos desta forma, de modo geral, a economia portenha, contida no movimento de embarcações numa caracterização dos produtos enviados pelo *hinterland*, e numa especificação da tipologia de embarques para o *foreland*.

101

Gêneros Coloniais

Cabe explicar que, se de um lado, a dinâmica interdisciplinar na ciência, a enriquece e a aperfeiçoa, de outro, é necessário enfatizar a necessidade de adaptação da metodologia e técnica de cada disciplina, na inserção de outros estudos. Desta forma, quando se aplica a Estatística à História, a necessidade de adaptação ainda se torna maior, pela falta, que defrontamos muitas vezes, da existência de documentação.

No presente trabalho, adotamos a técnica da construção de quadros de freqüência, fazendo surgir daí um critério para construção de tabelas de contingência de produtos, utilizando cruzamentos de variáveis. Então, através dos quadros de freqüência cruzando região, ano e produto, escolhemos para a construção de tabelas, os produtos cujas quantidades apresentaram-se com maior intensidade.

Nos capítulos anteriores procuramos ressaltar que Buenos Aires, por ocasião dos séculos XVI, XVII e primeira metade do século XVIII, viu frustradas todas as tentativas no sentido de abertura de seu porto. Praticamente, mais de duzentos e cinqüenta anos sofrendo as restrições partidas do domínio peruano. Com a instituição do "comércio livre" em 1778, a cidade em tela foi aquinhoada com a competente habilitação portuária, o que lhe proporcionou a grande oportunidade do exercício da função específica de porto, qual seja o contato entre o mundo exterior, no caso os portos espanhóis e a vasta hinterlândia platina. Configurava-se então o *foreland* e o *hinterland* de Buenos Aires.

Essa nova conjuntura foi cristalizada e fortalecida com o famoso Auto de Livre Internação baixado por Pedro Cevallos, primeiro vice-rei da novel unidade colonial espanhola na América, qual seja o Vice-Reino do Prata. A determinação oficial supra-referida extinguiu as famosas "aduanas secas" que nos séculos anteriores haviam estabelecido o divórcio entre o litoral rio-platense e os imensos rincões interioranos.

Nossa preocupação neste trabalho voltou-se principalmente para a mapeação e quantificação, quer das regiões que formaram o *hinterland* quer dos portos espanhóis que se constituíam o *foreland* de Buenos Aires. Tarefa árdua principalmente por força de heterogeneidade dos dados colhidos no Archivo General de Indias de Sevilla, bem como o Archivo General de la Nación de Buenos Aires.

A região de Mendoza, localizada nos Altiplanos Andinos, mostrou-se entre as doze regiões trabalhadas, a mais significativa. Com um total de 1594 vezes participando da entrada no Porto de Buenos Aires encaminhando produtos para exportação, esta região apresentou como produtos mais freqüentes aqueles que englobamos em vinho e aguardente com um total absoluto de 592 vezes aparecendo no Porto, ou 37,14% do total geral.

Pela semelhança de gênero de produto, e pela grande quantidade dos mesmos, é que os agrupamos, além de ser o motivo primordial de tal agrupamento o fato de que, no levantamento de dados, a quantidade apresentou-se concomitantemente para ambos.

A seguir, o produto mais freqüente, foi *Ygos* (figos), com um percentil de 19,45% do total.

Com quantidades ainda relevantes apareceram moscatel e nozes, com 13,93% de freqüência, obtendo-se depois um desnível considerável para *pasas* com

4,21% de constância. A seguir, os percentis decaem numa seqüência gradativa para os demais produtos enviados pela região de Mendoza.

Para esta área, construímos uma tabela de contingência referente aos produtos: *vinho e aguardente*. A *medida quantitativa,* para a maioria dos produtos, aparecendo diversificada, acarretou a necessidade de elaborarmos as tabelas, utilizando as medidas tais como aparecem na documentação primária básica, uma vez que nosso objetivo principal de demonstração da utilização do Porto como saída de produtos, assim o permitiu.

Mendoza apresenta um total de 1702 pipas contendo entre si, vinho e aguardente, ao lado de 2 228 barris dos mesmos produtos. O ano de 1793, com uma percentagem de 45,5% do total de pipas (contendo vinho ou aguardente), foi o ano que proporcionou maior saída de pipas do produto. Em barris, a maior percentagem de saída deu-se em 1797. Percebe-se que estes produtos analisados tiveram uma queda brusca a partir de 1793, obtendo um acréscimo considerável em 1797. Historicamente, esse fato pode ser explicado pela queda da procura do produto, devido à guerra entre a Espanha e a França. Cabe ainda explicar que os meses nos quais a saída destes produtos se deu em maior escala foram (entre pipas e barris) os meses de dezembro, janeiro, fevereiro e agosto.

A região do Paraguai destacou-se como a segunda, numa série decrescente, entre as áreas que utilizavam o Porto de Buenos Aires. Aparecendo, através da apresentação de seus gêneros, 752 vezes, mostrou como produto mais enviado a *yerva* (erva) com uma percentagem de 84,08%. Percebe-se que a relevância percentual da presença dos outros produtos mandados pelo Paraguai decresce bruscamente, como, por exemplo, da primeira para a segunda percentagem que há um decréscimo de 80,35% de freqüência. Desta forma, construímos uma tabela cruzando as variáveis mês, ano e o produto especificado *(yerva),* numa demonstração mais ampla do comércio deste produto. Nota-se que o ano mais significativo foi 1797 com 22,3% do total geral de exportação, 20,9% também do todo. A exportação deste produto, quanto ao mês, foi maior em janeiro, dezembro e novembro, portanto, nos meses de verão americano.

Córdoba foi a região que ocupou o terceiro lugar, por ordem decrescente, entre as cidades quantificadas, estando presente 546 "vezes-produtos", no porto rio-platense.

O gênero que obteve maior incidência, através desta região, foi *poncho*, com um aparecimento de 272 "vezes-produto", ou 49,82% do total. O produto seqüente, numa escala sensivelmente menor, é *sabon* (sabão), com um total de 55 "vezes-produtos", ou 10,08% de aparecimento. Para esta cidade decaem os outros produtos, "freqüentando" de modo geral, em média, duas dezenas de vezes.

Construímos, para Córdoba, uma tabela de contingência, especificamente para *ponchos,* onde utilizamos as medidas "tércios" e "fardos". Foi exportado um total absoluto de 1 556 fardos, e 840 tércios de *ponchos.* O total anual mais significativo deu-se em 1796, com um percentil de 29,8% do total para fardos e 24,4% para tércios. A seguir, por ordem de maior produção, observamos o ano de 1794, com 24,6% para fardos, e 19,7% para tércios. A visão geral é que houve, a partir de 1793, um acréscimo de 12,2%, em 1794, decrescendo depois de 2,4% em 1795, elevando-se em 9,24% em 1796, baixando novamente em 19% para o ano de 1797.

Córdoba apresenta-nos, então, uma oscilação bastante grande na exportação do elemento analisado, mostrando um carregamento maior, em seqüência, nos meses de junho, abril, maio, março, julho e fevereiro, o que constata maior saída na época do inverno americano e verão europeu. Isto pode ser explicado pelo tempo gasto no carregamento de um navio, processamento de embarque, tempo de viagem, e o desembaraçamento nas estações aduaneiras espanholas.

Para *sabon,* elaboramos também uma tabela, trabalhando com as medidas *petaca* e *cajones,* onde encontramos um total maior para o ano de 1797, com 31,4% em *petaca*s e 25,7% em *cajones*. A seguir temos 1794 com 22,8% em *petacas* e 27,1% em *cajones,* sendo pouco significativos os outros anos. Os meses nos quais coube maior encaminhamento de *sabon* foram julho e fevereiro, mostrando de modo geral um movimento razoável, e não muito grande, na saída de *sabon* de Córdoba.

Pode-se justificar as grandes oscilações destes produtos saídos de Córdoba devido a um problema de ordem demográfica. Deveu-se a um grande fluxo migratório, do interior rio-platense para Buenos Aires, na medida em que desenvolvia sua vida portuária. Esse fenômeno deu origem ao grande problema enfrentado pela Argentina até os nossos dias, qual seja, a grande concentração demográfica portenha. Não há dúvida de que tal concentração se fez às custas da defasagem da população nas áreas interioranas.

No caso de Córdoba, as estatísticas demonstram claramente a questão, quando se observa as oscilações ocorridas em sua produção em grande parte artesanal.

É digno de maior ênfase, o fato de ter sido a grande alteração da dinâmica populacional o fator determinante do desnível da produção nesta região, principalmente devido ao fato de caracterizar-se por sua economia manufatureira.

Continuando a análise das freqüências a região seguinte foi Corrientes, com um total de 389 "vezes-produto" aparecendo no Porto. O elemento mais freqüente foi *cueros,* num total percentual de 21,85% do todo, seguido por *algodon,* com 21,08% e *mani* com 17,23 por cento. O restante dos produtos apresentam-se numa configuração bem menor, tornando pouco significativo qualquer comentário. Em termos de freqüência, o ano mais aparente foi 1796 com 87 "vezes-produto", seguido por 1797 com 80 "vezes-produto".

Ainda para Corrientes, o que pudemos constatar é que o ano mais produtivo foi 1797 que, entre "sacas", exportou 26,6%, e entre arrobas, 44 por cento. A seguir temos os anos de 1796 com 346 sacas e 122 arrobas, depois 1794 com 340 sacas ou 24,8% do total geral. Os meses que mais se destacaram na produção de *algodon* foram: maio, com 308 sacas, novembro com 257 sacas e 22 arrobas e janeiro com 179 sacas e 60 arrobas. Verifica-se um movimento razoável de *algodon,* mas bastante decadente em relação ao couro ou *cueros.*

Também para a produção de *yerva* e *mani* foram construídas tabelas demonstrativas, que mostram para ambos os produtos, uma freqüência maior para o ano de 1796.

Quanto à *yerva* houve maior contingência nos meses de janeiro com 304 tércios de erva, abril com 296 e novembro com 220 tércios, entre um total de 1150 tércios deste elemento.

Para *mani,* onde a unidade mostrada é a "saca", o mês de maior quantificação foi outubro, com 257 sacas, seguido por setembro, com 225 e maio com 104.

Outro produto quantificado para Corrientes foi o mel. Aparece em quantidade maior em 1975 com 428 *petacas* ou 43,2% do total. A seguir consta o ano de 1794 com 201, ou 20,3% e depois 1793 com 185 *petacas* ou 18,7% do total.

Os meses mais significativos na demonstração do comércio do mel, para Corrientes, foram janeiro, com 252 *petacas*; abril, com 209; março, com 169 e novembro com 82. Em relação aos outros produtos, o panorama geral nos mostra uma menor quantidade "numérica" de mel, num total de 989 *petacas*.

Nos dois primeiros séculos da colonização espanhola na América, a região de Corrientes teve um papel importantíssimo no abastecimento das áreas mineradoras andinas, principalmente Potosí, Huancavélica e Oruru. A partir da instituição do comércio livre, Buenos Aires logrou capturar quase todo o fluxo comercial, anteriormente dirigido para as referidas regiões produtoras de metais nobres.

A "presença" da região de S. Juan no Porto de Buenos Aires é marcada pelos produtos aguardente e vinho. Analisando ainda a freqüência desta região no Porto, nota-se maior quantidade para o ano de 1797, com 367 "vezes-produto". Os produtos que mais freqüência obtiveram foram aguardente com 231 "vezes-presença", ou 62,95% e vinho com 88 "vezes", ou 23,98%. Para os outros produtos, há uma queda considerável.

Observando mais amplamente o comércio de aguardente e vinho, percebemos, utilizando as medidas "barril" e "pipa", que seu comércio foi intenso, num total absoluto de 15 943 barris e 29 pipas.

O ano mais significativo foi 1797 com 6 777 barris, ou 42,5% e 12 pipas ou 41,3 por cento. A seguir o ano de 1796 com 4 458 barris ou 27,9 por cento. Cabe dizer que os demais anos caem para uma percentagem bem menor e pouco significativa. Os meses quantificados com mais elementos figuram entre dezembro, janeiro, junho e julho. Foi com um total relativo de 3 028 barris, em que dezembro figurou como o mês mais intensamente quantificado.

Historicamente sabe-se que S. Juan figura entre as outras áreas em situação semelhante na participação do abastecimento das regiões mineradoras do Alto Peru.

Para Tucumán, o total freqüente apresenta-se em um número de 182 vezes, sendo que o produto *hiellas* aparece em maior quantidade, com um total de 100 vezes ou 54,95 por cento. A seguir, o percentil decai para 19,78% referente ao produto lã, havendo um declínio bastante grande para os outros produtos.

Quanto à exportação de *lã vicuña*, o aspecto geral é menos significativo, num total absoluto de apenas 177 sacos, que foi a unidade contada. O ano que maior quantidade apresentou foi 1793, com 90 sacos, ou 50,84% do total geral; seguido por 1794 com 25,43%, decaindo lentamente numa seqüência percentual e numérica. Os meses mais quantificados numericamente foram agosto, com 40, fevereiro com 36 e janeiro com 29 sacos de *lã vicuña*.

Catamarca apresentou-se com um total geral de freqüência numericamente representado com um aparecimento de 82 vezes na utilização do porto de Buenos Aires, para a saída de seus produtos. Entre este total foi relevante o número de vezes que observamos com referência aos produtos *agi* e *lienzos* aparecendo, cada um, 22 vezes, ou 26,83 por cento.

Anotamos a região de Catamarca e a exportação de *agi*, tanto em tércios, como em cargas, num total de 903 tércios e 309 cargas. Os anos mais significativos foram 1796 com 384 tércios ou 42,5% do total e 1795 com 250 tércios ou 27,6% do total. Quanto aos meses, os mais significativos foram setembro com 256 tércios, outubro 186 e novembro com 136.

Para *lienzos*, o total geral exportado foi de 9 300 varas e 180 tércios. Os anos mais significativos foram 1793 com 7 700 varas ou 82,79% e 28 tércios ou 15,55% e 1796 com 1600 varas ou 17,20% e 30 tércios ou 16,66% do todo. É curioso o fato de termos observado um decréscimo bastante grande de exportação deste produto a partir de 1793. Os meses mais representados foram setembro com 4 200 varas, março com 3 500 e agosto com 1 600.

A região de Potosí aparece com uma freqüência de 74 vezes no porto de Buenos Aires, onde 25 vezes constou da presença dos produtos *sombreros*; e 11 vezes do produto *lienzos*, contendo um percentual respectivo de 33,79 e 14,87 do total geral. Os anos que mais se destacaram foram 1794 com 27 vezes e 1793 com 19 vezes.

Quanto à produção de *sombreros*, utilizamos a medida *cajon*, o que nos mostra um total geral de 43 dessa unidade. Os anos em que maiores quantidades foram exportadas apareceram com 1794 com 19 *cajones* ou 44,1% do todo, e 1795 com 11 *cajones* ou 25,5% do total. Os meses mais significativos foram agosto, dezembro e janeiro.

Para a exportação de *lienzos* obtivemos um total de 6 509 varas e 28 fardos.

Os anos mais significativos foram 1797 e 1794 com respectivamente 3 500 varas ou 53,77% e 2 929 ou 44,98% do universo de dados.

Os meses mais freqüentes quantitativamente foram março, com 3 500 varas e agosto com 2 929.

Salta e Missiones foram as duas últimas cidades trabalhadas estatisticamente. Para Salta, houve uma freqüência total de 43 "vezes-produto", contendo 18 vezes, ou 41,86%, da freqüência, a *lã vicuña,* por ser o produto mais enviado ao Porto; mereceu um estudo no qual percebemos, durante o total dos meses, uma parca freqüência de produtos, com exceção do mês de agosto de 1795, que conta com 270 sacas de *lã vicuña*. Foi para este ano, é claro, que se registrou a maior quantidade desse produto, com um percentual de 61,1%.

Para Missiones, a freqüência mostrou-se baixa, com apenas 34 "vezes-produto", sendo que *yerva* foi o que apareceu mais vezes com 38,24% do total.

Finalizando o levantamento quantitativo e o trabalho estatístico do movimento de produtos no Porto de Buenos Aires, não podemos esquecer de citar ainda Chile e Santiago del Estero, para as quais não construímos quadro de freqüência, nem tabela de contingência, pela quantidade precária de dados, sem que se fizesse significativo qualquer estudo estatístico mais aprofundado. Para o Chile, encontramos apenas dados referentes a três anos não seqüentes, e o comentário mais digno é o aparecimento de *cordobane* como o elemento de maior quantidade, além de que o ano de sua maior incidência foi 1793.

Para Santiago Del Estero, não encontramos informações relevantes.

CONCLUSÕES

Ao concluirmos, sentimos de perto que o crepúsculo do século XVIII representou o período fundamental para a História da Argentina. Poder-se-ia, afirmar, sem qualquer risco de erro, que a própria definição da nacionalidade do grande País Ibero-América ocorreu nessa época. Com efeito, após suportar mais de duzentos e cinqüenta anos de isolamento, imposto pela conjuntura colonial espanhola, Buenos Aires foi aquinhoada com fatores que provocaram a dinâmica de seu desenvolvimento. Referimo-nos à habilitação do seu porto, graças ao Regulamento de 1778, bem como ao "Auto de Livre Internação de 1777". Não resta a menor dúvida que sua classificação como porto maior lhe facultou drenar para a sua área grande parte da produção da hinterlândia platina, outrora dirigida ao porto de Callao de Lima.

Por outro lado, o desenvolvimento do comércio exterior, oportunidade que lhe fora negada no decurso dos séculos XVI, XVII e metade do século XVIII, tornou-se uma constante. Efetivamente, o relacionamento comercial entre Buenos Aires e os portos da Espanha, principalmente Cádiz, cujo destaque foi demonstrado através de paciente apuração estatística, transformara o seu porto no grande fulcro do "comércio livre". Coube à capital portenha ostentar a outrora situação privilegiada por Lima, circunstância muito bem estudada por Guillermo Cespedes del Castillo em sua magnífica obra: *Lima y Buenos Aires.* Inegavelmente a antiga capital do Vice-Reino do Peru viu-se relegada a um plano secundário, assistindo ao declínio de seu poder político, tendo em vista a nova conjuntura econômica estabelecida, totalmente favorável a Buenos Aires. À medida que lograva capturar grande parte da produção do interior argentino, assistia, euforicamente, ao crescimento de sua urbe. Tratava-se das origens do processo de "macrocefalia platina", situação que vem se prolongando até os dias atuais. Com efeito, a movimentação do porto de Buenos Aires, por ocasião dos últimos anos do século XVIII, conforme ficou fartamente demonstrada na quarta parte deste trabalho, atuou como agente galvanizador da população distribuída nos diferentes rincões do Prata. Estes passaram a sentir de perto os efeitos do fluxo migratório para a capital do vice-reino. Poder-se-ia mesmo afirmar que a nova conjuntura platina se mostrava diametralmente oposta àquela que prevalecera nos primeiros séculos da colonização espanhola. Enquanto na fase primordial do domínio espanhol assistia-se a uma espécie de dualismo marcado pelo abandono e pobreza de Buenos Aires, em oposição à hinterlândia platina que desenvolvia um surto econômico razoável, configurava-se, a partir do ocaso da décima oitava centúria, um quadro exatamente oposto.

Surgiu, então, uma luta que se perpetuou no decurso dos séculos seguintes. Tratava-se da rivalidade entre o litoral rio-platense e as regiões interioranas, que veio substituir o velho antagonismo entre Lima e Buenos Aires. Da mesma forma que o desenvolvimento limenho se fizera à custa das restrições impostas a Buenos Aires, o crescimento econômico e demográfico desta seria alcançado através do empobrecimento e despovoamento das áreas mais distantes do Atlântico. O dualismo platino agora se traduzia no choque entre litoral e interior. Não são outras as raízes da conjuntura atual do País localizado no extremo sul da América Meridional. As duas Argentinas permanecem bem distintas.

Por outro lado, o fomento econômico portenho, bem como sua explosão demográfica, ofereceram a grande oportunidade de liderança política. Coube a Buenos Aires a grande missão de dirigir, orientar, impor o movimento libertador. Com efeito, os grandes vultos da independência Argentina foram todos forjados no "cadinho" do "comércio livre". Belgrano, Moreno, San Martín, e outros autênticos líderes da campanha emancipadora, representavam os interesses da burguesia portuária de Buenos Aires, ávida pelo fomento comercial e econômico da região em franco florescimento. A própria Revolução de Maio via na debilidade da Metrópole, então sob o domínio napoleônico, a grande oportunidade para o incremento das lides mercantis.

O resultado final causou-nos certas surpresas. Uma delas foi justamente a ausência de registros de prata na Aduana de Buenos Aires. Em que pese a decadência da produção argentífera do Alto Peru, principalmente a região de Potosí, esperávamos encontrar a presença da prata no comércio portenho nos derradeiros anos do século XVIII.

A falta de registros do metal nobre no competente órgão aduaneiro portenho significa, sem dúvida alguma, a exaustão da atividade mineradora do Alto Peru, então sob a jurisdição do Vice-Reino do Prata. Não obstante, em que pese as precauções adotadas contra o contrabando, indiscutivelmente uma das preocupações de Carlos III, o comércio ilícito ainda continuava subsistindo.

Lamentavelmente, conforme já firmamos anteriormente, é muito difícil quantificar o contrabando.

De outro ângulo, observamos claramente o *hinterland* do porto de Buenos Aires. A elaboração de dados estatísticos facilitou-nos visualizar as doze regiões que, na época estudada, canalizaram seus produtos para o litoral rio-platense. Foram elas: Mendoza, Paraguai, Missiones, Corrientes, Salta, Potosí, Tucumán, Catamarca, Córdoba, San Juan, Santiago del Estero e Chile.

A mapeação dessas áreas ofereceu-nos uma imagem bastante objetiva do problema. Efetivamente, a representação cartográfica e o competente levantamento estatístico das quantidades numéricas mostram-nos que os propósitos de Carlos III no sentido de fomentar a região do Prata, outrora esquecida pelos governos da Espanha, foram atingidos.

Por outro lado, a preocupação do rei, quanto ao desenvolvimento dos portos do imenso linhol portuário da Espanha, foi atendida na medida em que mostrou sensível aumento nas saídas de navios para as Índias Ocidentais. A predominância de Cádiz mostrou-se flagrante (mais de 50%). Não obstante, os demais portos habilitados ao "comércio livre" (Santander, Barcelona, La Coruña, Málaga, Alicante, Gijon, El Ferrol e Sevilha) experimentaram sensível movimentação. Particularmente Sevilha, tendo perdido os privilégios oferecidos pelo regime do monopólio régio — porto único, Casa de Contratación —, embora apresentando visíveis sintomas de decadência, lograva ainda preservar significativo movimento.

O incremento das relações mercantis entre Buenos Aires e os portos habilitados espanhóis foi uma promoção feliz da parte da cúpula espanhola. O êxito da nova legislação instituída pelo Regulamento de 12 de outubro de 1778 mostrou-se incontestável. Tratou-se de inteligente ensaio que marcou o fim do mercantilismo tradicional espanhol. Inaugurava-se com essa nova experiência comercial a derradeira tentativa da Metrópole no sentido de preservar seu vasto patrimônio colonial. Surgia o "mercantilismo ilustrado", que significava, sobretudo, o rompimento da estrutura econômica teimosamente mantida pelos antecessores de Carlos III.

Por último, seria conveniente lembrar que a política econômica do terceiro monarca Borbón, a despeito de seu caráter fomentista, alcançou resultados imprevistos e, de certa forma, nocivos à preservação da unidade do império colonial. Com efeito, a habilitação de dois portos maiores no Prata — Buenos Aires e Montevidéu — foi responsável pela decadência das províncias do Pacífico. Dessa forma, houve uma redistribuição da economia colonial americana. Continuaram, portanto, as grandes discrepâncias regionais. Estas, sem dúvida alguma, impediram a integração das áreas do espaço meridional da América Espanhola. Verdadeiras "ilhas", rigorosamente autárquicas, as antigas províncias do Prata dificilmente teriam condições de conservarem sua unidade política. Foi o que aconteceu nos primórdios do século XIX. Então, assistir-se-ia à degringolada do império colonial espanhol.

Por outro lado, grande parte dos esforços da Espanha, na época do "comércio livre", no sentido de fomentar sua produção interna com vistas à exportação, foi prejudicada pelas guerras contra a Inglaterra. Não raras vezes, o antagonismo anglo-hispânico comprometeu a vigência do Regulamento de 1778. As freqüentes interrupções do tráfico do "comércio livre" permitiram o desenvolvimento do contrabando, caracterizado pela introdução ilícita de mercadorias estrangeiras nos portos espanhóis da América, oportunidade para a medrança dos ideais de emancipação política. Estes viam-se fortalecidos à medida que os súditos americanos usufruíam da experimentação da livre concorrência.

Bibliografia

ALVAREZ, Juan. *Historia de la Nación Argentina.* Buenos Aires, s.d., v. 4, primeira seção.
Obra interessante para se conhecer a importância que representou o comércio na área do Rio da Prata.

ARTOLA, Miguel. Campillo y las reformas de Carlos III. *Revista de Indias,* n.º 50, Sevilha.
Obra fundamental para aqueles que queiram conhecer as reformas ocorridas na Espanha e na América Espanhola, ao tempo do rei Carlos III.

ATARD, V. Palacio. El despotismo ilustrado español. *Revista Arbor,* n.º 8, 1947.
Interessante artigo para os que desejam conhecer algo mais profundo sobre o despotismo ilustrado espanhol.

CAILLET BOIS, R. "Apuntes para una historia económica del virreinato: gobierno intendencia de Salta y Tucumán". In: *Anuario de Historia Argentina,* tomo 3, 1941.
Obra imprescindível para quem estuda a história econômica da região do Prata.

CANABRAVA, Alice Piffer. *O comércio português no Rio da Prata (1580-1640).* São Paulo, Boletim 26 do *Caderno de História da Civilização Americana.*
Embora relacionada com o comércio exercido por Portugal, a obra não deixa de ser interessante e importante para os que se interessam pelo estudo do comércio na região do Prata.

CESPEDES CASTILLO, Guillermo. *Lima y Buenos Aires. Repercusiones económicas y políticas de la creación del virreinato de la Plata.* Sevilla, Escuela de Estudios Hispano Americanos, 1942.
Obra que não deve deixar de ser consultada para se compreender a economia e a política vigente na região do Prata.

CHAUNU, Pierre. *Seville et l'Atlantique (1504-1650).* Paris, 1955, tomo I.
Fundamental para o estudo da época, pois Chaunu, reúne documentos dos mais interessantes para estudá-la.

CONI, Emilio A. *Agricultura, comercio y industrias coloniales (siglos XVI-XVIII).* Buenos Aires, 1941.
Obra importante para quem se interessa pela economia argentina e outras colônias espanholas entre os séculos XVI e XVIII.

FERRER, Aldo. *La economia argentina*. 2.ª ed. Buenos Aires, 1965.

Os estudiosos do assunto não podem deixar de ver a obra de Ferrer, pois a mesma é básica para se conhecer todos os aspectos da economia da nação irmã.

GARCIA, Emanuel Soares da Veiga. *Buenos Aires e Cádiz, contribuição ao estudo do comércio livre*. São Paulo, FFCL USP, 1968.

Obra complementar à presente, interessante sob todos os aspectos, fundamental aos estudiosos do assunto.

HAMILTON, E. J. *El florecimiento del capitalismo y otros ensayos*. Madrid, 1945.

Esta obra foi ampliada e publicada com o título: *El florecimiento del capitalismo y otros ensayos de Historia Economica*, na Revista del Ocidente, Madrid, 1948. Fundamental para os estudiosos da economia.

HARING, Clarence H. *Comercio y navegación entre España y las Indias*. Buenos Aires, 1959.

A obra de Haring constitui a ferramenta básica para o estudo das operações comerciais entre Espanha e América Espanhola.

MADERO, Eduardo. *Historia del puerto de Buenos Aires*. Buenos Aires, 1939.

Como o próprio nome indica, se desejarmos conhecer o porto de Buenos Aires e seu desenvolvimento, não podemos deixar de compulsá-la.

PALÁCIO, Ernesto. *Historia de la Argentina*. Buenos Aires, 1965.

Não se pode deixar de ler a obra de Palácio, pois descreve, sem paixões, apenas apontando fatos, a história da Argentina, em todos os seus aspectos.

SANCHEZ AGESTA, Luis. *El pensamento político del despotismo ilustrado*. Madrid, 1953.

Fundamental para o estudo do despotismo ilustrado espanhol. Básico para a compreensão do período.

ZORRAQUIN BECU, Ricardo. "Orígenes del comercio rioplatense". In: *Anuario de Historia Argentina*, Buenos Aires, 1947.

Como o próprio nome indica, Zorraquim Becu, analisa todos os aspectos do comércio da região do Rio da Prata.

RAVIGNANI, Emilio. *El virreinato del Rio de la Plata*. Buenos Aires, s.d.

—. *El volumen del comercio del Rio de la Plata a comienzos del virreinato (1779-1781)*. Buenos Aires, 1952.

Duas obras de Ravignani que analisam a situação do Rio da Prata durante a instalação comercial na região. Ressalta-se a importância das mesmas pelos subsídios que nos oferecem.

Coleção Khronos

1. *O Mercantilismo*, Pierre Deyon.
2. *Florença na Época dos Médici*, Alberto Tenenti.
3. *O Anti-semitismo Alemão*, Pierre Sorlin.
4. *Mecanismos da Conquista Colonial*, Ruggiero Romano.
5. *A Revolução Russa de 1917*, Marc Ferro.
6. *A Partilha da África Negra*, Henri Brunschwig.
7. *As Origens do Fascismo*, Robert Paris.
8. *A Revolução Francesa*, Alice Gérard.
9. *Heresias Medievais*, Nachman Falbel.
10. *Armamentos Nucleares e Guerra Fria*, Claude Delmas.
11. *A Descoberta da América*, Marianne Mahn-Lot.
12. *As Revoluções do México*, Américo Nunes.
13. *O Comércio Ultramarino Espanhol no Prata*, Emanuel Soares da Veiga Garcia.
14. *Rosa Luxemburgo e a Espontaneidade Revolucionária*, Daniel Guérin.